Cahier Sauvage 4

신의 발명

KAMI NO HATSUMEI

ⓒ Shinichi Nakazawa 2003
All rights reserved.
Original Japanese edition published by Kodansha Ltd.
Korean translation rights arranged with Kodansha Ltd.
through EntersKorea Co., Ltd.

이 책의 한국어판 저작권은 (주)엔터스코리아를 통해 일본의 Kodansha Ltd.와 독점 계약한
도서출판 동아시아에 있습니다.
신저작권법에 의하여 한국 내에서 보호를 받는 저작물이므로 무단전재와 무단복제를 금합니다.

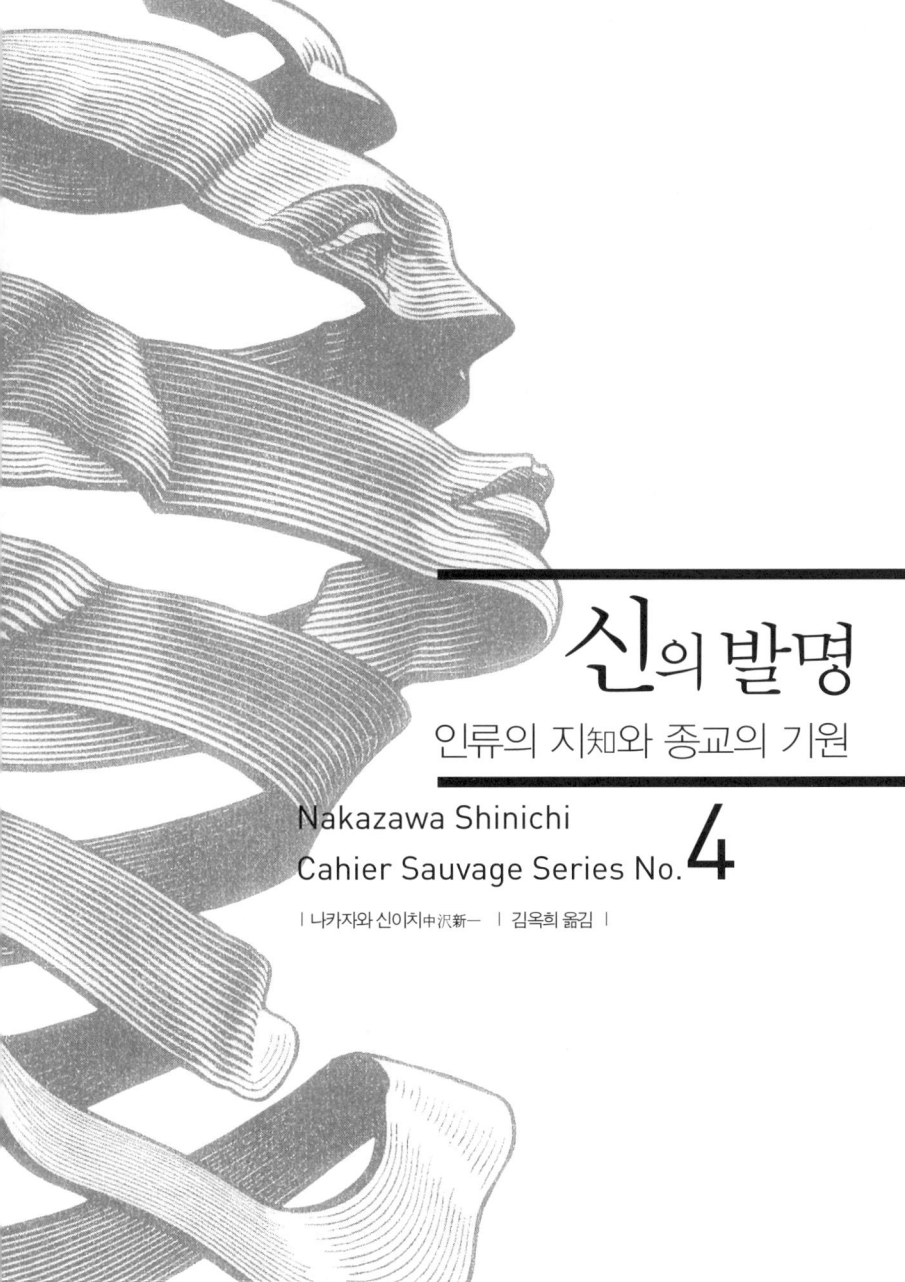

신의 발명

인류의 지知와 종교의 기원

Nakazawa Shinichi
Cahier Sauvage Series No. **4**

| 나카자와 신이치中沢新一 | 김옥희 옮김 |

동아시아

신의 발명

초판 1쇄 펴낸날 2005년 11월 18일
초판 6쇄 펴낸날 2025년 8월 25일

지은이　　나카자와 신이치 中沢新一
옮긴이　　김옥희
펴낸이　　한성봉
편집　　　차수연, 김영주
경영지원　국지연, 송인경
마케팅　　오주형, 박민지, 이예지
펴낸곳　　도서출판 동아시아
등록　　　1998년 3월 5일 제1998-000243호
주소　　　서울시 중구 필동로8길 73 [예장동 1-42] 동아시아빌딩
블로그　　blog.naver.com/dongasiabook
페이스북　www.facebook.com/dongasiabooks
인스타그램 www.instagram.com/dongasiabook
전자우편　dongasiabook@naver.com
전화　　　02) 757-9724~5
팩스　　　02) 757-9726

ISBN 89-88165-25-X 03210
ISBN 89-88165-24-1(세트)

contents

신의 발명
─인류의 지知와 종교의 기원

머리말

카이에 소바주Cahier Sauvage에 대해서

다섯 권 예정으로 계속 출간될 카이에 소바주 시리즈는 최근 몇 년 동안의 나의 강의를 기록한 것이다. 매주 목요일 오후에 '비교종교론' 이란 제목으로 주로 대학 2~3학년 학생들을 대상으로 강의했다.

강의 내용의 기록을 책으로 출간하는 것은 이번이 처음이다. 강의는 강연과는 달리 충분한 시간을 들여 하나의 주제를 전개할 수 있으며, 글을 쓰는 것과 달리 리얼 타임의 비평가로서의 청중이 있다. 청중과의 암묵의 홍정, 관심을 끌기 위한 연기. 이런 심리적인 요소로 인해 강의라는 형식에서는 독특한 즉흥연기가 가능하다. 강의라는 형식을 매우 좋아한다는 걸 나는 최근에야 깨달았다.

길을 걷고 있을 때나 이야기를 할 때, 동시에 생각을 하는 경우가 많기 때문에 모처럼 떠오른 좋은 아이디어가 그냥 사라져버리곤 하는데, 이런 강의에서는 열심히 기록해주는 학생들이 있었던 덕택에 이야기하면서 떠오른 사고의 비말飛沫은 다행히 소멸을 면할 수가 있었다. 너무 많은 준비를 하면 좋은 강의가 되기 힘들다. 즉흥적인 강의 특유의 활기가 사라져버리기 때문이다. 소재를 선택해서 대강의 코드 진행을 결정하고, 강의의 실마리를 풀어갈 건반의 음높이만 결정해두면, 나머지는 주제가 (잘 풀린다면) 자동적으로 전개되어간다. 그런 믿음이 흔들리지 않는다면 그 강의 시간은 행복하다. 그러나 한차례 잔잔한 동요가 일 때는 허무감을 느끼며 교단을 떠나게 된다.

이 일련의 강의를 통해, 나는 우리가 살아가는 이 현대라는 시대가 갖고 있는 과도기적인 성격을 밝혀보고자 노력했다. 우리는 과학혁명이라는 '제2차 형이상학 혁명'(이것은 미셸 우엘벡Michel Houelbecq이 『소립자Les Particules Elementaires』에서 사용한 용어다) 이후의 세계에 살고 있다. 그리고 그 세계가 마침내 머지않아 잠재적 가능성의 전모를 드러낼 것으로 여겨지는 다양한 징후들이 나타나기 시작했다.

이 제2차 '형이상학 혁명'이 묘한 성격을 갖고 있다는 점에 대해서는 레비 스트로스가 이미 밝힌 바 있다. 근현대의 과학이 구사해 온 사고의 모든 도구는, 1만 년쯤 전에 시작된 신석기 혁명 시기에 우리의 선조에 해당하는 호모 사피엔스 사피엔스가 획득한 지적 능력 속에 이미 전부 준비되어 있던 것이다. 우리의 과학은 기술이나 사회제도, 신화나 제의祭儀 등을 통해 표현되던 그런 능력과 근본적으로 다른 시도를 해본 적이 아직 한 번도 없다. 양자역학과 분자생물학마저도 아직 구석기를 사용하던 3만 년 전의 호모 사피엔스 사피엔스의 뇌에 일어났던 혁명적인 변화에 의해 발생한 것으로, 그런 사고의 직접적인 결실이라고 할 수 있다.

제1차 '형이상학 혁명'에 해당하는 일신교의 성립에 의해 발생한 종교는 신석기 혁명적인 문명에 대한 대규모의 부정이나 억압 위에 성립되었다. 억압당한 '야생의 사고'로 불리는 그런 사고 능력이 제2차 '형이상학 혁명'을 통해 겉포장도 근거도 새롭게 바꾸어 '과학'으로 부활한 것이다. 3만여 년 전에 유럽의 북방으로 거대한 빙하군이 퍼져감으로써 인류는 생존을 위해 뇌 안의 뉴런의 접합양식을 변화시키는 데 성공했는데, 현대 생활은 그때 인류가 획득한 잠재능력을 전면적으로 발휘함으로써 이루어져왔다고 할 수 있다. 그런데 이제는 그 혁명의 성과가 거의 바닥난 것은 아닌가 하는 예감이 확산되기 시작했다.

우리는 이런 과도기에 살고 있다. 제3차 '형이상학 혁명'은 아직 요원한 일이다. 이 시대를 살아가는 지성인에게 주어진 과제는 세례자 요한처럼 영혼의 요르단 강가에 서서 닥쳐올 혁명이 어떤 구조의 혁명이 될지를 가능한 한 정확하게 예측해두는 일일 것이다. 종교는 과학(야생의 사고로 불리는 과학)을 억압함으로써 인류 정신에 새로운 지평을 열었다. 그런 종교를 부정하고 오늘날의 과학은 지상地上의 헤게모니를 획득했다. 그렇다면 제3차 '형이상학 혁명'이 어떤 구조의 혁명이 될지 대강 그 윤곽을 파악해볼 수 있다. 그것은 오늘날의 과학에 한계를 가져온 여러 조건들(기계론적으로 평범해진 생명과학, 분자생물학과 열역학의 불충분한 결합, 양자역학적 세계관이 생활과 사고의 전분야로 확대되지 못하도록 막고 있는 서구형 자본주의의 영향력

등)을 부정하고, 일신교가 개척한 지평을 과학적 사고에 의해 변혁함으로써 가능해질 것이다.

　그래서 이 일련의 강의에서는 구석기 인류의 사고에서부터 일신교 성립까지의 '초월적인 것'에 대해 인류의 사고와 관련이 있는 거의 모든 영역에 대한 답파踏破를 목표로 하여, 신화에서 시작해서 글로벌리즘의 신학적 구조에 이르기까지, 무척 자유분방한 걸음걸이로 사고가 전개되었다. 그래서 이 시리즈에는 '카이에 소바주 Cahier Sauvage' 즉 '야생적 사고의 산책'이라는 의미의 제목이 붙게 되었다. 물론 이 제목에 『야생의 사고La Pensée Sauvage』라는 책과 그 책을 저술한 인물에 대한 나 자신의 변함없는 경애와 동경이 담겨 있는 것은 분명한 사실이다. 나는 1970년대까지 전개된 20세기 지성의 달성에 대해 지금도 변함없이 깊은 존경과 사랑을 품고 있으며, 그런 향수가 나를 과거와 연결해주고 있다.

$$* \qquad * \qquad *$$

　제4권의 주제는 '초월성'의 발생이다. 어떻게 해서 우리 사고 안에는 사고 밖에 존재하는 것에 대한 사고가 생겨난 것일까? 이 어려운 문제에 대해서도 우리는 이 '카이에 소바주' 시리즈에서 일관된 관점을 유지하고자 노력해왔다. '초월성'을 체험하는 일 역시 인간의 지성 밖에서 주어지는 것이 아니라, 현생인류만이 갖고 있는 마음의 구조에 의해서만 파악이 가능한 지극히 인간적인 현상임을 밝혀보고자 했다.

　레비 스트로스의 작업은 예전에 철학자로부터 '초월자 없는 칸트주의Kantisme sans Subject transcendantal'(프랑스의 철학자 폴 리쾨르Paul Ricoeur가 *Symbole et Temporalit*라는 논문에서 사용한 표현으로, 국내에서는 주로 '선험적 주체 없는 칸트주의'로 번역됨─옮긴이)라는 비판을 받은 바 있다. 실제로 구조주의의 방법은 '초월성'이라는 문제가 끼어드는 것을 철저하게 막아왔다. 그 덕분에 신화 연구는 많은 발전을 이루게 되었다. 신화적 사고는 유한有限한 사고의 절차만을 이용함으로써 우주 안의 인간존재의 의미를 밝히려 해왔다는 점에서, 그야말로 인류 최고最古의 '철학'이라고 해도 좋은 것이었기 때문이다.

　그러나 신화가 이야기되는 바로 그 사회에도 종교적 사고는 존재하게 마련이다. 종교적 사고는 유한한 사고의 절차가 통용되지 않는 예외적인 상황이나 한계적인 상황에 접근을 시도한다. 때로는 철학이나 그 밖에 모든 양식 있는 사고의 적대자라도 되는 양 행동하기도 한다. 그렇기 때문에 언어 심층구조와의 유추를 토대로 인간의 사고능력을 규명하려 한 구조주의는 '초월성'에 관련된 종교적 사고로부터는 어느 정도 거리를 유지하는 신중한 태도를 취했던 것이다.

이 책에서 나는 그와는 다른 사고를 전개함으로써, 그런 신중함은 인간연구에는 불필요하다는 것을 밝히고자 했다. 현생인류의 뇌 조직에 혁명적인 변화가 일어남으로써 신화적 사고가 발생했는데, 그와 동시에 '초월성'에 대한 직관이 탄생한다는 사실을 규명하고자 한 것이다. 영역화된 지성의 활동을 횡단적으로 결합해가는 유동적 지성의 활동을 가능하게 하는 뉴런의 새로운 조직체가 만들어짐으로써, 은유의 축과 환유의 축의 조합에 의해 언어의 심층구조가 형성된다. 그 심층구조를 통해서 시적 언어, 신화, 음악 등이 생겨나는 것이다. 이런 형태의 '구조주의적 지성'의 활동은 유동적 지성과 영역화된 표현기구가 만나는 지점에 형성된다.

그런데 사고가 유동적 지성 자체에 초점을 맞출 때, 거기에는 다른 광경이 펼쳐진다. 그때 사고는 어떤 지적 기능에도, 그리고 어떤 영역에도 속해 있지 않으며 어떤 제한도 받지 않는 순수한 빛으로서 유동적 지성을 파악한다. 이것이 바로 '초월성'에 대한 사고의 발생이다. 따라서 그것은 신화적 사고와 동일한 시기에 동일한 뇌의 조직체를 통해서 인류의 마음에 출현할 수 있었다.

처음에 '초월성'에 대한 직관은 '스피리트Spirit'의 활동으로 표현되어, 다양한 형태의 탐구가 시도되었다. 스피리트는 매우 다양한 명칭과 형태로 모든 인간의 마음에 자리 잡았다. 인간사회 곳곳에서 이루어진 스피리트에 관한 사고나 표현을 보면, 우리는 그것이 정신적인 것과 물질적인 것 사이의 경계에서 일어나는 현상으로 기묘한 물질성materiality을 갖추고 있다는 것을 알게 된다. 일본의 고어古語 '모노モノ'('모노'에는 다양한 의미가 있으나, 사전 『대사림大辭林』의 해석을 인용하면 "형체가 있는 물체를 비롯해, 널리 인간이 사고할 수 있는 대상을 의미"함. '모노'에 대해 상세히 논한 바 있는 『녹색 자본론綠色の資本論』에서 저자는 '모노'란 감각적 대상이든 비감각적 대상이든 관계없이 사고의 대상이 되는 모든 것을 의미하며, 영어의 thing이나 독일어의 Ding과 통하는 단어로 정의하고 있음. '카이에 소바주' 제3권 『사랑과 경제의 로고스』에도 자주 등장해 '물物'로 번역한 바 있음—옮긴이)에 담긴 심오한 의미를 상기하면 금세 이해가 갈 것이다. 이제 '초월성'은 신의 세계의 특성으로 간주되어 감각의 저편으로 밀려나버렸지만, 처음 상태에서는 그것은 형이상도 형이하도 아니며 물질도 정신도 아닌, 불가사의한 제3의 원소재原素材로서의 성격을 분명하게 갖고 있었다.

마음의 태아 혹은 마음의 원소재라 할 이 스피리트가 다양한 토폴로지Topology 변형을 일으킬 때, 신의 형상이 완성되어간다. 말하자면 '아프리카적 단계' (요시모토 다카아키吉本隆明가 사용한 용어. "헤겔 철학에서는 세계사의 틀 밖으로 밀려나 있던 아프리카적〈프리 아시아Pre-Asia적〉 세계를 인류사에서 일종의 원형으로 간주함으로써 세계사에 대한 이해를 완전히 뒤엎고자 한다. 아프리카적 단계에서 종교는 '자연물의 일부분을 신격화할 정도로 자연과의 깊은 교감이나 교령交靈에 해당한다'라고 하며, 그것이 얼마나 정신성이 풍부한 세계인가에 대한 고찰을 시도한다"―『불교가 좋다』135쪽 각주에 실린 요시모토 다카아키의 설명을 재인용―옮긴이)에 스피리트에 최초로 가해진 토폴로지 변형에 의해 다신교를 구성하는 신들의 체계가 형성된다. 그 과정을 추적하던 나는 그때 마음속에서 일어나는 변형 과정이 물리학에서 '자발적 대칭성 깨짐'이라는 명칭으로 연구해온 과정과 매우 흡사하다는 사실에 깜짝 놀랐다. 여기에도 원소재로서의 스피리트가 갖고 있는 반半물질성이라는 특징이 잘 나타나 있다. 마음의 과학과 물질의 과학 사이에서는 이런 확실한 연관성을 발견할 수 있다. 아마도 바로 그 점이 21세기의 사고에서 중요한 돌파구가 될 것이다.

유일신을 둘러싼 종교적 사고 역시 동일한 토폴로지의 변형 과정에 의한 사고실험Thought Experiment을 통해 유추해볼 수가 있다. 나는 괴테의 방법을 모방하여 사고실험의 플라스크 속에 그런 사고를 만들어보려 했다. 스피리트가 갖추고 있는 모든 '덕德'과 '사랑'과 '초월성'을 이용하면, 유일신을 만드는 것도 불가능하지만은 않다는 것을 보여주고 싶었던 것이다. 그 결과 뜻밖에도 오늘날 세계를 뒤덮고 있는 '비대칭성의 사고'가 인류의 마음에 탄생하는, 그런 운명의 분기점에 발을 들여놓게 되었다. 현대세계가 안고 있는 최대의 문제점은 거기서 비롯되는 셈이다.

인간의 마음이 신을 발명하는 것이다. 이런 생각에는 종교의 본질을 둘러싼 마르크스의 통찰이 큰 영향을 미쳤다. 유일신에 관한 신학이나 형이상학의 문제에 대해서도 물질적인 과정과 연동한 역사속에서 비로소 진정한 의미를 이해할 수 있다. 나는 이렇게 이해한 '유물론Materialism'의 방법을 구사해, 이 책에서 인간의 마음에 본래 갖추어져 있는 영성靈性을 옹호하고자 했다.

나카자와 신이치中沢新一

Nakazawa Shinichi
Cahier Sauvage Series

ANADENANTHERA peregrina (L.)

서장

스피리트가 밝히는 신의 비밀

Nakazawa Shinichi
Cahier Sauvage Series

고도를 기다리며

첫 강의인데 늦어서 미안합니다(15분 정도 지각). 도저히 피할 수 없는 중요한 일이 있어 어쩔 수 없었습니다.

그 동안 여러분은 뭔가를 기다리고 있었습니다. 무엇을 기다렸나요? 내 이름을 가진 누군가가 이 강의실 문을 열고 들어오기를 기다렸고, 그 사람이 할 말을 기다린 셈이죠.

의미의 도래를 기다렸다고도 할 수 있겠지요. 신은 이 세계에 의미를 가져다준다고 합니다. 그렇다면 여러분이 기다린 것은 신이라고도 할 수 있지 않을까요? 아일랜드의 작가 사무엘 베케트가 쓴 유명한 희곡 『고도를 기다리며』를 읽은 사람이라면, 그것이 현대인이 처해 있는 상황에 대한 상징적인 표현이라는 것을 이해할 겁니다. 뭔가를 계속 기다린다는 것, 거기에는 무척 심오한 의미가 숨어 있습니다. 물론 그렇다고 해서 지각에 대한 해명은 안 되겠지만요.

그런데 이런 상황이 이미 이번 학기 강의의 주제로 들어가는 입구를 정확하게 가르쳐주고 있습니다. 우리는 '신神'이라는 한자어를 통해 유럽의 크리스트교 문명에서 발달한 '초월자'의 개념에 해당하는 의미내용도 표현하려 합니다. 그 신은 우리가 사는 세계 밖에 있으며, 세계를 존재하게 하고, 세계에 의미나 질서를 부여하는 것으로 여겨져왔습니다. 그렇기 때문에 그 신이 잠시라도 자취를 감추면 세계에 어떤 의미를 부여하는 것도, 그 속에 사는 존재들이 서로 소통하는 것도 불가능해지겠지요.

서구세계에서 종교가 막강한 영향력을 행사하던 시대에는 그런 생각이 일반적인 것이었습니다. 그러나 근대에 이르러 "신은 죽었다"라는 이야기가 공공연하게 떠돌게 된 후로는, 인생에 의미를 부여하거나 이 세계는 왜 존재하는가 하는 문제를 생각하기 위해 더 이상 안이하게 '신'이나 '구세주' 같은 것에 의지할 수 없게 되었습니다. 그러자 인생 자체가 과연 올지 어떨지도 알 수 없는 '고도 Godot'라는 사람을 기다리는 매우 불확실한 것으로 변모해버렸다는 것을 인정할 수밖에 없게 되었죠. 사실 근대에 대한 의식은 이처럼 신이라는 존재의 불확실성을 인식하면서 발생한 겁니다.

그러나 그런 시대가 되어도 대규모의 전쟁이 벌어지면 대통령의 입에서는 종종 신이라는 단어가 튀어나오곤 합니다. 그러면서 국민들을 향해 신의 정의라는 이름 아래 치러지는 전쟁에 대한 지지를 호소하고, 많은 사람들이 그 말을 진지하게 경청하는 광경을 보게 됩니다. 우리들 대부분이 그 광경에 위화감을 느끼는 것은 '신'이라는 존재를 절대적인 정의와 연결하는 식의 발상법에 친숙해질 수 없기 때문이죠.

메이지明治 시대 이후(1868년 메이지유신 이후를 의미―옮긴이) 일본인은 '신神'이라는 단어로 유대교나 크리스트교, 이슬람교와 같은 이른바 일신교의 신을 표현하게 되었습니다. 하지만 이 '신神'이라는 한자어의 심층에는 그 본질과 의미내용이 전혀 다른 일본 고유의 신(아니 신들이라고 하는 편이 좋겠군요)이 아직도 왕성한 생명력을 유지한 채 살아 있기에, 일신교의 신의 존재방식에 대해 여전히 반감을 갖고 있는 겁니다.

스피리트로서의 신

결국 근대 일본어에는 두 종류의 '신神'이 있는 셈입니다. 하나는 God이나 Dieu와 같은 단어의 번역어로서, 주로 크리스트교와 함께 일본어 안으로 들어온 신입니다. 이 신은 인간으로부터도 그리고 다른 신들로부터도 초월해 있는 존재로 간주됩니다. 인간이 감각을 통해 파악하고 사고를 통해 인식하고 행위를 통해 만드는 세계의 모든 것으로부터 초월해 있으며, 그 세계를 창조하고 거기에 질서를 부여하는 것이 바로 이 신입니다. 이 신은 감각으로부터도 초월해 있기 때문에 구체적인 이미지로서 파악할 수도 없으며, 본래는 그 형상을 묘사할 수도 없을 정도로 고도의 추상성을 가진 존재입니다.

또한 이 신은 모든 정령精靈들을 포함한 스피리트들을 초월해 있습니다. 그렇기 때문에 스피리트는 크리스트교 안에서 성령Sanct Spiritus으로서 자리 잡은 스피리트의 동료들을 제외하고는, 오히려 일신교의 체제 밖으로 내몰려 배제나 억압을 받는 경우가 많습니다.

그런데 우리는 또 다른 종류의 '신'을 알고 있습니다. 이 신은 본래 자연현상과 결합된 구체적인 이미지를 갖고 있습니다. 『고사기古事記』(일본에서 가장 오래된 역사서―옮긴이)나 『일본서기日本書紀』(일본의 역사서―옮긴이)를 잠시 펼쳐보기만 해도 그런 신을 금세 만날 수가 있습니다. 태양의 신, 달의 신, 물의 신, 바다의 표면 가까이에 사는 신, 바닷속에 사는 신, 바다 밑에 사는 신, 불의 신, 곡물의 신, 물방울의 신, 녹은 철의 신, 땀의 신 등, 삼라만상에 대부분 신이 깃들어 있습니다.

그뿐만이 아닙니다. 새빨간 도리이鳥居(신사神社 입구에 세운 기둥 형태의 문—옮긴이)가 있는 이나리稻荷신사(곡식의 신을 모시는 신사—옮긴이)에 가면 여우의 신이 모셔져 있으며, 뱀을 모시는 신사도 많습니다. 요컨대 이런 신들은 본래는 정령과 유사한 성질의 것이었는데, 점차 다듬어져 지금 남아 있는 것과 같은 모습을 갖추게 되었습니다. 하지만 스피리트 세계와의 밀접한 관계를 상실한 것은 아닙니다. 이 신은 인간보다 뛰어난 능력을 갖고 있는 경우가 많으므로, 초월적인 측면도 없다고는 할 수 없습니다. 그러나 신과는 달리 인간의 감각이나 사고가 만드는 세계 밖으로 완전히 초월해버리거나 하지는 않습니다.

이렇게 해서 지금도 쓰이는 근대 일본어에서는 이와 같이 '신'이라는 한 단어로 전혀 다른 종류의 두 신, 즉 God의 번역어로서의 신과 스피리트로서의 신을 뒤섞어서 표현하고 있습니다. 그럼으로써 여러 상황에서 혼란을 일으키고, 일신교에 대한 이해를 방해하고 있습니다. 저는 이 강의에서 스피리트에서 신이 발생하게 된 과정을 가능한 한 정밀하게 재현하여, 이런 혼란에 종지부를 찍고자 합니다.

시점의 전환

신은 스피리트들의 그룹에서 탄생한 것이 분명합니다. 다른 가능성은 생각할 수 없습니다. 게다가 언제쯤, 그리고 어디서 발생했는지도 거의 파악이 된 상태입니다. 따라서 신의 본질을 이해하기 위해서는 동료였던 스피리트 그룹에서 빠져나와 어떻게 해서 단독으로 신으로서 자립할 수 있었는가 하는 점에 대해, 스피리트 세계의 내면으로부터 이해하려는 시도가 이루어져야만 할 겁니다. 하지만 지금까지 만족할 만한 시도가 이루어진 적은 없습니다.

이제까지 많은 인류학자와 종교학자들은 스피리트가 신으로 진화했다고 생각해왔습니다. 자연의 만물에 생명이나 영력이 깃들어 있다고 생각한 애니미즘 단계에서 마침내 인격을 가진 신에 대한 관념이 탄생했다는 식으로, 신의 발생을 단계적인 진화의 프로세스로 이해하고자 해왔던 셈입니다. 이런 사고에는 커다란 난점이 있습니다. 나중에 자세히 설명하겠지만, 애니미즘의 사고가 지배적이던 사회에서 유일신으로 착각할 만한 신에 대한 사고가 공존하는 경우를 적잖이 발견할 수 있기 때문입니다.

따라서 시점의 전환이 필요합니다. 스피리트에서 신이 이탈한 일은 필연적인 것이 아니었으며, 그 과정에서 본질적인 의미에서의 진화 같은 건 일어나지 않았다는 것이 저의 기본적인 생각입니다. 이런 주장을 하는 이유는, 유일신으로서의 특징을 전부 갖추었으면서도 스피리트 세계에서 이탈하지 않고 함께 섞여 커다란 전체성을 형성하고 있는 많은 예를 발견할 수 있기 때문입니다. 일본열도에 발달한 전통적인 신의 세계도 그 한 예인데, 그런 신의 존재가 일반적인 것이고, 오히려 일신교가 시도한 이탈의 모험이 예외적인 현상이라는 것을 여러분도 이제 곧 알게 될 겁니다.

스피리트는 터놓고 이야기할 것이다

━━━

여기에는 '카이에 소바주' 시리즈 제2권 『곰에서 왕으로』에서 이야기한 것과 동일한 상황이 나타납니다. 즉 수장首長에서 왕으로의 변모는 사회 진화의 필연이 아니며, 왕과 국가가 출현해도 좋을 모든 여건이 갖추어져 있는 사회에서도 현명한 수장들은 자진해서 왕과 같은 존재가 되려 하지는 않았다는 거지요. 스피리트들 중에는 언제 유일신으로 변신해도 상관없을 정도로 매우 훌륭한 스피리트(아메리카 선주민은 그것을 '그레이트 스피리트Great Spirit'로 불렀습니다)가 있음에도 불구하고, 스피리트들의 그룹에서 이탈해 초월자의 위치로 진출하기를 거부해온 것들이 있습니다. 그런 위대한 스피리트들은 스피리트들의 왕이 되려고 하지는 않았습니다.

왕과 국가의 발생은 인류가 만든 사회에 회복 불가능한 결정적인 변화를 초래했습니다. 유일신으로서의 신의 발생에 대해서도 같은 표현을 할 수가 있습니다. 스피리트들의 그룹으로부터 신 하나가 이탈에 성공함으로써, 인류의 사고에도 역시 회복 불가능한 결정적인 변화가 일어난 셈입니다. 게다가 이 두 프로세스, 즉 국가의 발생과 신의 발명은 내면에서 서로 깊이 연결되어 있습니다.

그때 인류의 사고 내부에서 도대체 어떤 일이 일어난 걸까요? 진화도 필연도 아니라면 무엇이 신의 출현을 유도한 걸까요? 이 문제는 오늘날 세계에서 일어나고 있는 온갖 위기의 본질을 이해하기 위해서도 매우 중요합니다. 일신교의 사고법이 만든 여러 시스템은 경제, 사회, 과학 등 모든 분야에서 막강한 영향력을 갖고, 이제는 지구상에 단일의 글로벌문화라는 그물을 치려 하고 있습니다. 우리가 그 그물에 걸려들지 않고 독자적인 삶이나 사고방식을 키워가기 위해서는 이 문제에 대한 이해가 반드시 필요합니다.

지금까지 철학이나 과학을 빌어 신의 본질을 해명하려는 시도는 많이 있었지만, 스피리트의 사고에 의해 내면으로부터 신의 비밀을 밝히려는 시도는 없었습니다. 신은 오랫동안 스피리트와 가까운 사이였습니다. 한때 동료였던 만큼 스피리트는 신의 비밀이나 약점을 다른 누구보다도 잘 알 수밖에 없습니다. 그런데 신이 출세를 하더니 어느새 과거를 아는 자신들을 몰아내려고까지 한 셈입니다. 따라서 이번 학기 강의에서는 '스피리트가 밝히는 신의 비밀'을 주제로 삼을 예정입니다.

이 방법이 오늘날 신에 관한 문제를 터놓고 이야기하기에 가장 좋은 방법이라고 생각합니다. 어쨌거나 입이 건 스피리트들이 한 말입니다. 그렇다면 융통성 없는 과학성에서도 그리고 사상성에서도 자유로울 수 있으니까요. 처음에는 좀처럼 열기 힘들 것 같던 이번 강의의 주제로 들어가는 문도 의외로 별 어려움 없이 열리게 되었습니다. 지각한 덕분이라고 할 수 있겠지요.

스피리트 세계의 입구

그렇다 해도 여러분을 느닷없이 스피리트 세계로 끌고 들어가려니 아무래도 망설여지는군요. 그래서 우선은 사전연습을 겸해 우리에

게 친숙한 입구를 통해서 그 세계를 살짝 들여다보기로 하겠습니다. 예는 얼마든지 있습니다. 미즈키 시게루水木しげる(만화가이자 요괴 연구가. 대표작으로 만화『게게게의 기타로ゲゲゲの鬼太郎』가 있음—옮긴 이)의 만화세계에 가득 차 있는 것은 명백한 스피리트들이며, 저 유명한 토토로(미야자키 하야오宮崎駿가 감독한 애니메이션『이웃집 토토로となりのトトロ』의 주인공—옮긴이) 역시 같은 부류인 것은 두말 할 필요도 없을 겁니다.

스피리트는 이른바 '문명국'에서는 그 사회의 '뒤처진 부분', 예를 들어 도시에서 멀리 떨어진 시골에 사는 사람들의 마음 같은 곳에 존재하는 것으로 여겨졌습니다. 따라서 그 세계에 대한 가장 깊은 이해를 보여주는 근대의 학문이라면 단연코 민속학을 들 수 있을 겁니다. 실제로 거기에는 수많은 스피리트들의 활동 흔적이 거의 그대로 기록되어 있습니다. 야나기타 구니오柳田國男의『도노 이야기遠野物語』의 소재가 된 이와테현岩手縣의 전승 중 하나인 '자시키와라시座敷童子' 같은 것은 전형적인 스피리트라고 할 수 있지요.

오래된 집에는 자시키와라시가 살고 있는 집이 적지 않았다. 자시키와라시는 대부분 열두세 살 정도의 어린아이로, 이따금 사람에게 모습을 드러낸다. 쓰치부치무라土淵村 다이지이데大字飯豊에 사는 이마부치 간주로今淵勘十郎라는 사람의 집에는 얼마 전에 고등학교에 다니는 딸이 방학을 맞아 와 있었는데, 딸이 어느 날 복도에서 느닷없이 자시키와라시와 마주쳐 무척 놀란 적이 있다. 그 자시키와라시는 남자아이의 모습을 하고 있었다. 같은 마을의 산

기슭에 사는 사사키佐佐木라는 성을 가진 사람의 집에서는 어머니가 혼자서 바느질을 하고 있는데, 옆방에서 종이가 바스락거리는 소리가 들렸다. 그 방은 집주인인 아들 방으로, 그때 아들은 도쿄에 가고 없었기에 수상히 여겨 판자문을 열고 보니 아무것도 없었다. 잠시 앉아 있으니 또다시 코를 킁킁대는 소리가 들렸다. 그래서 자시키와라시일 거라고 생각했다. 이 집에도 자시키와라시가 살고 있다는 이야기가 오래 전부터 있었다. 자시키와라시가 머물고 있는 집은 부귀영화를 누린다고 한다. (야나기타 구니오 『도노 이야기 · 산의 인생遠野物語 · 山の人生』, 이와나미문고岩波文庫, 1976년)

증식의 중공中空 공간

이 이야기에서 우리는 스피리트와 스피리트가 사는 공간의 중요한 특징 몇 가지를 확인할 수 있습니다. 스피리트는 평소에는 사방이 막힌 공간에 틀어박혀 있습니다. 알이나 누에고치처럼 속이 텅 빈 공간 안에 밀폐되어 있는 이미지입니다. 자시키와라시가 어두컴컴하고 사람들이 좀처럼 드나들지 않는 안방을 거처로 삼는 것도 그런 이미지와 관련이 있습니다. 신에게는 주로 높은 하늘 어딘가에 존재한다는 이미지가 있는데, 스피리트는 오히려 동굴이나 사당祠堂, 혹은 바위 틈새나 숲속의 나무에 파인 구멍과 같이 밝은 빛이 들어오지 않는 어두컴컴한 밀폐 공간을 선호하는 듯합니다.

스피리트는 그런 공간을 거처로 삼으며 조심스럽게 드나들곤 합니다. 나타났는가 하면 어느새 모습을 감추어버리거나, 낯선 어린 아이의 모습을 하고 나타났다가 아무도 모르게 슬쩍 사라져버리는 경우도 많습니다. 이것도 신사神社나 신전神殿 안에 모셔져 있는 신과는 다른 행동양식입니다. 사제司祭들이 축문을 외거나 해야만 모습을 드러내는 신과는 달리, 스피리트의 행동은 인간의 사고나 의지에 구속당하지 않습니다. 어쩌면 신조차도 뜻대로 할 수 없는 것이 그들의 행동 아닐까요? 결국 스피리트는 사고나 의지가 미치지 않는 장소를 활동영역으로 삼고 있는 셈입니다.

또한 스피리트가 거처로 삼는 중공中空 공간은 다양한 형태의 '증식'이 일어나는 공간이기도 합니다. 중공 공간은 부나 식량처럼 가치 있는 것의 발생지로 알려져 있습니다. 그렇기 때문에 동북지방 (일본 혼슈本州의 동북부 지방을 의미하며, 여기에는 아오모리青森, 이와테岩手, 아키타秋田, 미야기宮城, 야마가타山形, 후쿠시마福島 등 6개의 현이 포함됨—옮긴이)에서는 이런 믿음이 전해 내려오고 있었습니다. 즉 재산이 많은 집의 안방에는 그 집에 호의를 갖고 있는 동자童子 모습의 스피리트가 살고 있는데, 그 스피리트가 그곳에 머무르는 동안은 부가 유지되지만, 어쩌다 잘못해서 기분을 상하게 해 어디론가 가버리기라도 하면 그 즉시 몰락이 시작된다는 것이지요.

이 이야기를 근거로 다음과 같은 이미지를 생각해볼 수가 있습니다. 스피리트는 인간의 사고나 의지나 욕망으로 가득 찬 '현실' 세계에서는 멀리 떨어져 닫힌 공간 속에 숨어 지내지만, '현실'과 완전히 차단되거나 격리되어 있는 것이 아니라, 밀폐된 공간을 덮고 있는 얇은 막 같은 것을 통해 출입을 반복하고 있는 겁니다. 그리고 그 막이 있는 장소에서 스피리트의 힘이 '현실' 세계와 접촉할 때, 물질적인 부나 행복의 '증식'이 일어나는 셈입니다.

이런 현상은 전부 다양한 형태의 '경계'에서 일어납니다. 완전히 이쪽 세계의 것도 아니고, 그렇다고 완전히 저쪽 세계로 분리되어버린 것도 아닌 '경계'를 통해서, 스피리트의 특성을 가진 존재는 나타났다 사라졌다 하는 일을 반복해왔습니다. 따라서 스피리트가 모셔져 있는 장소도 자연히 그런 '경계' 지대에 모여 있습니다.

모든 열쇠를 쥐고 있는 스피리트

우리는 '카이에 소바주' 제3권 『사랑과 경제의 로고스』에서 증여의 원초적인 사고를 파헤쳐가다가 이미 이 '증식'을 일으키는 영력靈力이라는 문제와 맞닥뜨린 적이 있습니다. 구석기 시대의 동굴벽화에서 이런 사고의 흔적을 발견할 수 있었으며, 서구에서 자본주의의 전개를 가능하게 한 원리가 크리스트교의 삼위일체 가운데 '성령聖靈'의 작용과 깊은 관련이 있다는 것도 이미 확인한 바 있습니다.

이 '성령'이라는 존재는 물론 크리스트교 시스템에 편입된 스피리트 그룹의 일원입니다. 신의 발생이라는 문제는 이처럼 경제의 본질과도 깊은 관련이 있는데, 그 비밀을 해명하기 위한 열쇠를 쥐고 있는 것도 아무래도 스피리트들인 것 같다는 생각이 듭니다.

그럼 여기서 우리는 어느 방향으로 가야 할까요? 어느 방향으로

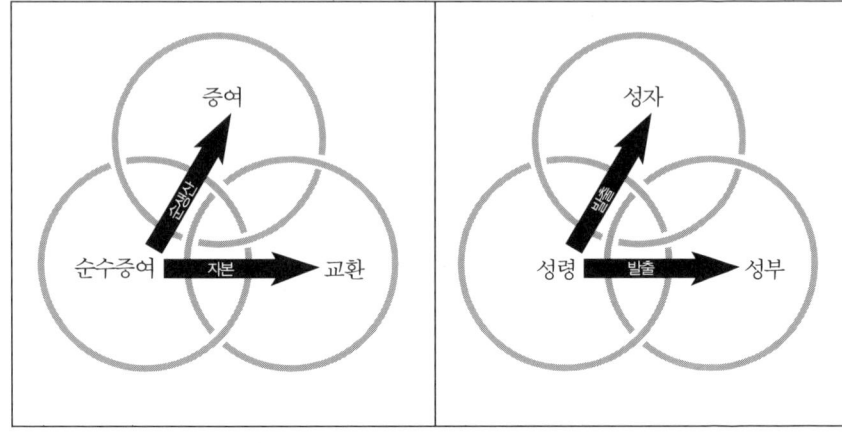

자본주의의 삼위일체 구조는 크리스트교에 의해 준비되었다
('카이에 소바주' 제3권 『사랑과 경제의 로고스』에서)

탐구를 계속하면, 신의 비밀을 알고 있다는 스피리트의 정체에 다가
갈 수가 있을까요? 자연 속에서 스피리트가 어떻게 나타나는지에 대
해서는 어느 정도 알려져 있습니다. 하지만 인간 내부의 자연에 스피
리트가 어떤 식으로 서식하고 있는지, 즉 그 생태에 대해서는 전혀
알려진 바가 없습니다.

　　인간 내부의 자연, 그것은 뇌 안에 있습니다. 동굴이나 바위 뒤,
수목이나 안방에 서식하던 스피리트들을 우리는 자신의 뇌 안의 특
수한 장소에서 재발견하는 겁니다. 그것을 이해하기 위해 여러분은
용기 있는 잠수부가 되어야 합니다. 마음의 밑바닥을 향해 뛰어내리
는 잠수부 말입니다.

Nakazawa Shinichi
Cahier Sauvage Series

I

뇌의 숲의 아침

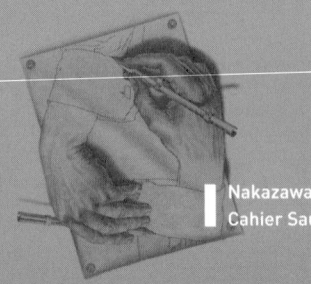

Nakazawa Shinichi
Cahier Sauvage Series

열대의 삼림지대로

스피리트에게 최상의 거처는 열대의 정글입니다. 거기에는 아직 발견된 적이 없는 동식물이 숨어 있다고 할 정도로 생물종이 풍부합니다. 그런데 그곳에 살고 있는 인간의 정신 역시 그에 뒤지지 않을 정도로 풍부해, 다종다양한 스피리트의 서식지로 알려져왔습니다. 그러므로 스피리트라는 존재의 본성을 제대로 파악하기 위해서는 우선 이 지대를 사전답사하는 것이 현명한 방법이라고 생각합니다. 따라서 환태평양권의 신화적 사고를 추적해온 우리의 시선은 아무래도 아마존강 유역의 삼림지대로 향하지 않을 수 없습니다.

아마존강 유역에는 1만여 년 전부터 인간이 생활해왔습니다. 베링해협을 건너 최초로 아메리카대륙에 도착한 사람들은 맘모스를 비롯한 대형 동물을 좇아, 비교적 단기간에 남아메리카대륙으로 이동한 듯합니다. 그들은 안데스산맥의 산록지대에 도착해 잠시 머무른 다음, 크게 세 방향으로 나뉘어 이동한 것으로 추정됩니다.

그중 한 그룹은 남아메리카대륙의 최남단을 향해 최단거리를 남하해갔습니다. 다른 그룹은 오리노코강 유역을 따라 북상을 계속해 태평양까지 갔으며, 또 한 그룹은 아마존강 유역의 삼림지대 안으로 흩어져 들어갔습니다. 이런 소용돌이 모양으로 퍼진 복잡한 이동 루트의 중심은 안데스산록으로 추정됩니다. 그래서 오늘날 콜롬비아라고 불리는 지역의 오지에 퍼져 있는 아마존 원류源流 삼림지대에 사는 사람들에게 남아메리카대륙에서 거주한 최초의 몽골족들의 사고나 생활의 기본 형태가 어느 정도 남아 있을 거라고 생각하는 인류학자가 있어도 이상할 것이 없습니다.

실제로 이 지역 사람들의 사고방식을 관찰해보면, 스피리트가 매우 중요한 역할을 하고 있었다는 것을 알 수가 있습니다. 그들의 '종교'는 스피리트의 실재에 대한 감각과, 스피리트와 소통하는 전문적 기술을 가진 샤먼의 사고를 중심으로 형성된 것처럼 보입니다. 열대의 정글은 그야말로 스피리트의 왕국이라고 할 만하지요.

스피리트의 왕국

그곳에 사는 사람들은 크리스트교가 침입해 오기 전에는 다양한 형태를 한 스피리트의 생생한 실재를 느끼며 생활하고 있었습니다. 그 모습을 그 지역에 사는 투카노 인디언의 실례를 통해 보기로 하겠습니다. 이 점에 대해서는 콜롬비아의 위대한 인류학자 라이헬 돌마토프G. Reichel-Dolmatoff의 연구를 충분히 활용하고자 합니다(『데사나Desana』, 『샤먼과 재규어The Shaman and the Jaguar』 등).

투카노족은 스피리트의 특성을 지닌 존재를 표현할 때 '마세mahse'라는 단어를 쓰는 일이 많은 것 같습니다. 예를 들어 태양이 인간 생활에 베푸는 은혜를 지상에서 체현하는 스피리트는 '엠코리마세'라고 부릅니다. 이 스피리트는 급류의 밑바닥이나, 지금은 선착장이 된 깊고 큰 강의 바닥에 살고 있다고 합니다. 잠시도 멈추지 않고 흐르는 수류 속에서 투카노족은 '선한 존재'의 출현을 감지합니다. 그런 스피리트와 눈에 보이지 않는 긴밀한 유대관계를 맺을 수

최초의 인간은 스피리트로서 지상에 출현했다. 바라사나 인디언의 선화線畵
(G.Reichel-Dolmatoff, *The Shaman and the Jaguar*, Temple University Press)

있다면, 제의祭儀의 장場에서는 화기애애한 분위기에서 서로 즐기며 분쟁을 쉽게 수습할 수도 있을 거라고 그들은 생각합니다.

마을 근처의 급류에는 다른 스피리트도 살고 있습니다. '디로아 마세'는 인간에게 건강한 육체를 유지하게 하는 '선한 힘'을 불어넣어 주는 것으로 믿어지고 있습니다. 이 스피리트를 통해 태양의 강력한 힘과 연결됨으로써, 인간은 강한 육체와 마음을 가질 수 있습니다.

'밤의 화신'으로도 불리는 '냐미리 마세'는 사악한 요괴의 모습을 하고서 사람들을 두려움에 떨게 하는 스피리트입니다. 그들은 살아 있을 때 도덕규범을 지키지 않아, 죽은 후에 '동물의 지배자'가 다스리는 산으로 들어가야 했던 선조의 영혼으로 알려져 있습니다. 숲속을 배회하며 이상한 소리를 내기도 하고, 돌이나 나뭇가지를 던지기도 합니다. 사악한 의도를 가진 사람들은 이 스피리트를 이용해 적에게 화를 입힐 수도 있습니다.

산에는 동물의 지배자인 '와이 마세'가 살고 있습니다. 이 스피리트는 일본 동북지방의 자시키와라시와 흡사해, 어린아이 같은 모습을 하고 있는 것으로 알려져 있습니다. 온몸을 빨간색으로 칠했으며, 가까이 다가가면 몸에서 풍기는 강렬한 식물 수액 냄새로 식별이 가능합니다. 투카노족은 수렵을 하니까, 그들의 생활에서 가장 중요한 스피리트가 바로 '와이 마세'인 셈입니다. 인간에게 동물을 포획할 권리를 부여하는 것이 이 스피리트이므로 수렵기술의 지배자이기도 합니다.

'와이 마세'는 삼림 속 동굴이나 바위틈을 거처로 삼습니다. 그들이 사는 곳은 '산의 집'으로 불리며, 사슴이나 멧돼지, 설치류 등 수많은 동물들이 인간과 마찬가지로 커다란 사회를 이루고 사는 것으로 알려져 있습니다. 동물의 유토피아와 같은 장소인 그곳은 사슴이 관리하는 숲속의 밝고 깨끗한 공터로, 산속 주민인 동물종動物種의 원형들이 의식을 거행하거나 춤을 즐기는 곳이라고 합니다.

동물의 지배자인 '와이 마세'와 샤먼 사이에 교섭(인간 영혼과의 교섭을 통해 포획 가능한 동물의 수가 결정됩니다)이 성립되면, 포획 대상으로 결정된 동물은 누군가에 의해 잠에서 깨어나 숲을 향해 떠납니다. 이런 동물의 정령이 사는 마을은 강 속에도 있어 '강의 집'으로 불리는데, '산의 집'이나 '강의 집'은 동물을 수태하는 거대한 자궁과 같은 의미로 받아들여졌습니다. 따라서 인디언 철학에서 '증식의 원리'는 삼림 깊숙이 숨어 있는 이런 정결한 장소를 중심으로 전개된다고 해도 좋을 겁니다.

그 밖에도 수많은 스피리트가 있습니다. 숲속은 스피리트들의 세상이라고 해도 좋을 정도입니다. 선한 스피리트가 있는가 하면 사악한 스피리트도 있으며, 인간에게 친근감을 갖고 있는 것도 있고 그렇지 않은 것도 있습니다. 하지만 대체로 스피리트들은 아주 까다롭고 위험한 존재여서, 보통 사람이 스피리트의 영역에 접촉하는 것은 매우 위험한 일로 여겨졌습니다. 특히 '동물의 지배자'에게 접근하는 것은 무척 위험한 일이었습니다. 따라서 스피리트 영역의 박물학에 관한 깊은 지식을 갖고 있으며 그 세계로 들어가기 위한 특별한 기술을 습득한 샤먼만이 접근할 수 있습니다. 하지만 아무리 샤먼이라 해도 '비호 마세'라는 스피리트의 도움을 받아야만 그 위험한 영역에 들어갈 수가 있습니다.

접촉기술로서의 환각

'비호 마세'는 사람에게 환각작용을 일으키는 식물 전체와 관련이 있는 스피리트를 총칭하는 단어입니다. 아마존강 유역 사람들은 아주 풍요로운 식물의 세계에서 수천 년을 살아왔기 때문에, 식물에서 채취할 수 있는 약이나 독에 대해 놀랄 만한 지식을 갖고 있었습니다. 아마존강 유역의 정글에서는 환각성 식물이 몇 종류나 발견됩니다. 그래서 그 식물들을 이용해서 환각상태를 체험하고, 그 체험을 신화적 사고에 의해 해석하면서 독특한 세계관을 구성하는 종교적 사고가 발달했습니다. 우리는 신화적 사고와 종교적 사고 사이에 존재하는 중요한 차이를 설정해왔는데('카이에 소바주' 제1권 『신화, 인

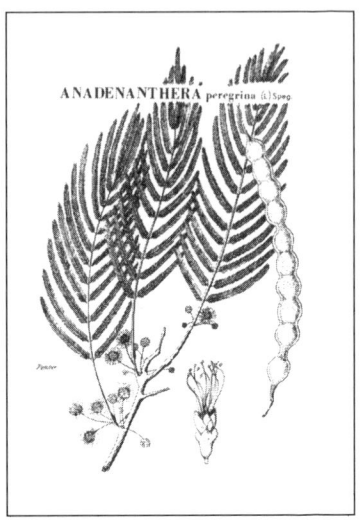

투카노족이 애용하는 식물 2종(위)과 그것이 든 주머니를 들고 있는 샤먼(아래) (앞의 책)

류 최고의 철학』), 그런 문제 설정이 내포하는 의미가 여기서 좀 더 분명해질 겁니다.

'파예'라고 불리는 샤먼이 이런 식물에 의한 환각작용을 자유자재로 다룰 수 있는 전문가로 모든 사람에게 인정받고 있습니다. 그들은 페레그리너Anadenanthera *peregrina*라고 하는 긴 칼집 모양의 열매를 맺는 식물과, 카피Banisteriopsis *Caapi*라고 하는 덩굴 식물에서 환각성 물질을 추출합니다. 전자는 미세한 가루 상태로 잘게 부순 다음 특별한 흡입기를 이용해서 코로 들이마셔 체내로 흡수합니다. 후자인 덩굴 식물을 이용하기 위해서는 시간을 들여 푹 졸이는 작업이 필요합니다. 농축한 수액주스를 마심으로써 환각작용을 일으키는 것이지요. 이런 식물들은 '야헤yaje'로 불립니다.

그런 지식을 모두 샤먼이 관리하고 있습니다. 샤먼은 이런 식물의 작용을 이용해서 종종 스피리트의 세계에 접촉을 시도합니다. 수렵 시기가 다가와, 포획할 동물의 수를 교섭하기 위해 '동물의 지배자'를 찾아갈 때도, 샤먼은 먼저 페레그리너*peregrina* 가루를 코로 들이마셔 트랜스 상태에 빠져든 다음 임무 수행에 착수합니다. 하지만 그때 식물에 깃들어 있는 '비호 마세'라는 스피리트의 도움을 받지 않으면, 아무리 샤먼이라 해도 스피리트 세계로 떠나는 여행은 매우 위험하고 어려운 일로 여겨졌습니다.

그러나 때로는 샤먼만이 아니라 많은 사람들이 참가할 수 있는 '야헤 집회'가 개최되는 경우가 있습니다. 즉 샤먼의 감독 하에 완성된 덩굴 식물의 수액주스를 함께 마시며 공통의 환각체험을 하는 흥미로운 모임을 갖는 겁니다. 이때 사람들은 '은하銀河로 떠나는' 체험을 합니다. 우주의 힘과 생식력의 원천인 '은하'를 향해서 다 같이 공동비행을 하자는 것이지요. 술에 의해서 그런 공동체험을 하기는 어려우므로, 이 아마존 사람들의 집회에서 이루어지는 것은 제의의 핵심에 맞닿아 있다고 할 수 있을 겁니다.

야헤 집회로의 초대

그러면 이런 식물을 복용했을 때 사람들은 과연 어떤 세계를 체험하게 되는 걸까요? 1970년대의 인류학자들은 자진해서 환각성 물질의 효과를 스스로 체험하려는 시도를 해왔기 때문에, 그에 대한 보고서가 상당수에 이릅니다. 그중에서도 돌마토프가 투카노족 사이에서 체험한 내용을 기록한 것은 내면 관찰의 결과를 생생하게 전달해준다는 점에서 여전히 그 가치가 퇴색하지 않고 있습니다.

어느 날 이 인류학자는 투카노족 친구로부터 "야헤를 마시는 집회에 나가보지 않겠나?"라는 가벼운 초대를 받습니다. 그것이 어떤 의미의 초대인지를 잘 알고 있던 그는 마음속에 들끓는 흥분을 달래며 그날을 기다렸습니다.

갓 딴 카피 Caapi가 아니면 별로 효과가 없으므로 숲속으로 들어가 카피를 채취해 마을로 돌아온 다음, 오랜 시간을 들여 끓이다 보면 남자들이 모여듭니다. 그들 사이에는 이제부터 자신들 앞에 펼쳐질 신성한 공간을 준비하는 엄숙한 분위기가 잔잔히 흐르며 점차 주위에도 전달되어갑니다.

타투요Tatuyo족의 야헤 집회 (앞의 책)

모두가 모여서 빙 둘러앉아, 푹 끓인 수액을 돌아가면서 마시기 시작합니다. 몇 번으로 나누어 조금씩 천천히 마십니다. 도중에 토할 것 같은 느낌이 들기도 하고 기분이 나빠지기도 했지만 그걸 견디며 몇 시간을 보내자, 인류학자의 '눈동자 속에' 갑자기 선명한 빛이 나타났습니다.

은하로의 비행

그 체험 내용은 리얼 타임으로 테이프 레코더에 다음과 같이 녹음되어 있었습니다.

뭔가 보이는군… 음… 뭐라고 할까… 어둠 속에서 공작의 날개 같은 것이 보이는군… 아니 그게 아니라… 모든 게 움직이고 있어… 마치 불꽃놀이를 하는 것 같군… 아니 좀 더 적절한 표현이 있을 텐데… 그렇지, 페르시아의 세밀화細密畵 배경에 있는 문양 같은, 여하튼 동양적인 어떤 것이 보인다. 그래 이건 바로 융단, 티베트 융단이야… 코란에 그려진 아라비아의 장식 문자와도 비슷해… 어두운 색조를 띤 가운데 이따금 하얀 빛이 나타난다. 하지만 대개는 어두운 붉은색이다… 그것이 나타났다가는… 사라져간다… 시각 속을 비스듬히 가로질러 간다. 왼쪽 위에 나타나서 오른쪽 아래로 흘러 사라져간다… 부드러운 흐름이다… 어라, 변하기 시작했군… 프리즘의 분광색이 전부 나타났다… 물결을 이루고 있다… 각각의 물결의 정점이 새로운 모티브를 그려간다. 맨 아랫부분은 노란색이다, 그 부분은 끊임없이 변화하여 프리즘의 모든 색으로 계속 변해간다. 그 모티브는… 전부 곡선을 그리고 있는, 반원형의 모티브, 하트 모양, 어라 이번에는 꽃으로 변했군, 아니 느닷없이 메두사의 얼굴로 변했다. 이따금… 음… 또다시 불꽃놀이다… 하지만 삼차원이 아니다… 평면적이고 무서울 정도로 어둡다. 앗, 사라졌다. 오른쪽 위에서 뭔가가 나타났다… 샘에서 물이 솟아나오는 듯하다… 하지만 빛은 분출하는 물줄기 사이로 무지개처럼 반짝이고 있다… 빛의 선이 교차하기 시작한다, 아니 선이 아니다. 점선처럼 뚝뚝 끊어져 있다. 스포트라이트가 나타났다, 바깥쪽이 노란색이고 한가운데가 어두운 스포트라이트다… 그런 다음 또다시 꽃이 나타났다, 타조의 깃털처럼 끝이 말려 있다. 공작의 날개가 다시 나타났다. 때때로 이끼처럼 보이는 버섯 같은 것이 나타났다. 카메라 렌즈 속의 버섯처럼 보인다. 꽃이다, 꽃잎이 석 장인 꽃이 보인다. (여기서 2분 동안 아무것도 보이지 않는다. 주위에서 춤이 재개된다.) 의식은 무척 또렷하다. 눈을 최대한 크게 뜨면, 눈앞에는 오두막이 있고 어둠이 있으며 사람이 있다. 하지만 눈을 반쯤 감고 있으면 또다시 모티브가 보인다. 마이크로 필름으로 촬영한 나비의 날개나 산호처럼 보이기도 한다. 이따금 색채가 불쾌한 색으로 변한다. 이번에는 모티브가 더 선명해졌다. 수평의 띠를 이룬 아라비아 문양이다. 전부가 평행한 띠 모양을 이루며 나타나고, 각기 다른 색깔을 띠고 있다. 아직 움직이고 있다. 이 띠들 가운데 격자 모양의 띠가 나타난다, 그물이라고 해도 좋다. 각각의 격자 한가운데에는 빛으로 이루어진 점이 있다. (음악이 격렬해진다.) 격자 모양의 문양은 거의 움직이지 않는다, 한가운데의 광점光點만이 움직이고 있다, 회전하면서 색깔을 바꾸고 있다. 또다시… 모든 구도가 움직여 한쪽으로 기울기 시작했다, 45도 기울더니… 이제는 수직이다. (탕탕거리는 격렬한 악기 소리) 이번에는 수평으로 변해간다. 이따금 중심부로 향하는 움직임이 발생한다, 어두운 수면에 돌을 던졌을 때 생기는 물결의 움직임과도 비슷하다. 그렇지, 그래, 하지만 모든 것은 대칭성을 유지하고 있다. 비대칭적인 패턴은 좀처럼 나타나지 않는다. 고대의 자물쇠와도 비슷하다. 모든 것이 무서울 정도로 바로크적이다. (격렬한 타악기 소리와 함께 춤을 춘다.) 반원형의 것은 파란색을 배경으로 빛나는 나무 속에 있는, 검은색을 띤 어떤 것 같다. 아아,

또다시 모든 것이 변화했다, 마치, 마치, 병리학 교과서에 나오는 것 같은 모습이다. (몇 사람인가가 토하고 있다. 모두가 이렇게 말하고 있다. "여기 있는 우리는 모두 환각을 보고 있는 거야. 집의 내벽에 그려져 있는 것과 똑같은 문양을 보고 있는 거지." 이렇게 말하며 계속 춤추고 있다.) 눈의 오른쪽 끝에 변화가 나타났다… 이번에는… 티베트풍이다, 파란 붓다와 그 주위를 둘러싸고 있는 노랑과 빨강과 파랑의 광채라고 할까 불꽃 같은 것이 보인다, 그 불꽃 끝은 작은 광점을 이루고 있다. (춤은 멈춘 상태다. 말소리가 들린다.) 이따금 그런 것이 보인다. 결코 기분 좋은 것이 아니다. 색채의 스펙터클이라고 해도 좋다. 형태와 빛은 늘었다 줄었다 하고 있다. 겹치는 경우도 있다… 원이 나타나더니 두 겹, 세 겹으로 점점 늘어난다. 어라 회전이 시작되었군… 모든 것이 엄청난 속도로 회전을 시작했다. 마치, 마치, 거품과도 같다. 투명한 거품, 비누거품. 이번에는… 칠흑 같은 어둠이다. 아무것도 보이지 않는다. 기분이 무척 좋다. 오전 1시쯤일까? 나는 야헤를 여섯 잔이나 마신 셈이다. 맥박 84, 약간 두통이 있다.

(중략)

나는 노트를 펴고 방금 본 이미지를 잊어버리기 전에 기록해두려고 했다. 점과 선으로 물결치고 있는 수직의 띠를 그리고 있으려니까, 어깨 너머로 그걸 바라보던 한 남자가 "그게 뭐죠?" 하고 물었다. 나는 밤에 본 도형을 그리고 있는 거라고 대답했다. 남자는 주위 사람들에게 "이것 좀 봐"라고 말했다. 그러자 몇 사람이 모여들어 내 노트를 들여다봤다.

"이 이미지는 어떤 의미를 갖고 있죠?" 내가 물었다.

남자들은 웃었다. "그건 은하죠." 그들이 말했다. "당신은 은하를 본 겁니다. 우리와 함께 은하까지 날아갔던 거죠." (R. 돌마토프 『샤먼과 재규어*The Shaman and the Jaguar*』)

기묘한 도형

어떤가요? 환각체험을 충분히 즐기지 않았나요? 무척 현장감 있는 보고서여서 읽고만 있어도 우리들도 '은하'를 다녀온 듯한 느낌이 들 정도입니다.

이 보고서로도 알 수 있듯이, 정글의 식물상植物相(특정 지역에 자라는 식물의 종류—옮긴이) 가운데서 엄선된 특별한 환각성 식물을 통해 가능한 체험은 상당히 강렬하면서도 안정적이라는 특징을 띱니다. 체험 중에 출현하는 빛의 이미지나 움직임 등에는 일종의 보편성이 있는 듯하며, 개인차는 별로 나타나지 않는 것 같습니다.

그 증거로는 '야헤 집회' 도중에 눈앞에 번쩍번쩍한 빛의 이미지가 날아다니고 있을 때, 인류학자가 우연히 들었던, "여기 있는 우리는 모두 환각을 보고 있는 거야. 집의 내벽에 그려져 있는 것과 똑같은 문양을 보고 있는 거지"라는 말에서 알 수 있습니다. 즉 환각상태에서 체험하는 이미지는 개인차를 넘어선 공통성을 띱니다.

실제로 자신이 본 이미지를 묘사해 달라는 부탁을 받으면 그들은 지면에 독특한 문양을 그리곤 하는데, 그것들은 전부 인류학자가

야헤에 의해 본 이미지를 땅바닥에 그리는 남자(위)와 집의 내벽에 그려진 '내부시각 이미지' (아래) (앞의 책)

봤던 것과 똑같습니다. 그리고 실내를 둘러보면 그날 밤 집회에서 자신이 본 것과 똑같은 문양이 아름답게 채색(그 빛깔도 실제로 체험한 것과 똑같습니다)되어 벽면이란 벽면은 전부 장식하고 있는 것을 발견하고 깜짝 놀라게 됩니다.

빛의 이미지에는 아무래도 일정한 패턴이 있는 것 같습니다. 인류학자가 스스로 체험한 것, 인디언이 지면이나 노트에 그려준 것, 집의 내벽에 그려져 있는 장식 문양 등을 비교 검토해보면, 20개 정도 되는 기본 형태의 리스트를 추출할 수가 있습니다.

맹렬한 기세로 이동해가는 빛 속에서 이런 도형이 잇달아 나타납니다. 빛의 알갱이가 마치 물 속에서 떠오르는 거품처럼 나타나기도 하고, 어떤 형태가 출현했다가는 사라지기도 하며, 비스듬한 방향으로 흘러가기도 합니다. 그런가 하면 천천히 멈추어 별처럼 반짝이기도 하고, 비교적 안정된 격자 모양의 문양이 오랜 시간(아마도 십여 분 동안) 지속되기도 하며, 시각을 눈부신 빛으로 완전히 뒤덮기도 하다가, 느닷없이 암전暗轉하면서 놀라운 빛의 향연을 눈앞에 펼쳐 보입니다.

이 빛은 분명히 뇌 안에서 발광發光합니다. 주위를 둘러보면 집이나 사람이나 개의 모습은 그대로 보이는데, 눈과 대상 사이에 펼쳐진 불가사의한 공간에서는 여전히 빛의 이미지가 어지럽게 교차하는 것으로도 알 수가 있습니다. 이때 사람들은 스피리트가 사는 공간과 현실세계를 동시에 볼 수 있다고도 할 수 있는데, 실제로 그 자리에 함께 있던 사람들은 다들 그렇게 생각하는 듯합니다. 도대체 여기서는 무슨 일이 일어나고 있는 걸까요?

투카노족이 묘사하는 '내부시각'의 기본 패턴 (앞의 책)

곳곳에서 발견되는 신성도형神聖圖形

고대인은 뇌의 내부에서 발광하는 이런 빛의 이미지에 대해 잘 알고 있었던 듯합니다. 투카노족을 비롯한 아마존강 유역의 인디언들이 환각성 식물의 복용을 통해 체험하여 집의 벽이나 여러 종류의 장식품에 그린 것과 똑같은 도형을, 고고학자들은 구석기 시대의 유적에서 이미 발견했습니다. 그뿐만이 아닙니다. 이 패턴은 전세계에서 발견됩니다.

48쪽의 그림을 봐주십시오. 여기에는 지금은 멸족한 태즈메이니아 원주민이 바위에 새겨놓은 '신성도형'을 비롯해서 구석기 시대의 동굴벽화에 그려져 있는 패턴, 유럽 각지의 켈트 유적에서 발견되는 여러 형태의 문양에 이르기까지 다양하게 나열되어 있습니다. 여기에다 북방민족의 의상이나 바구니의 그물코 문양, 융단 문양(돌마토프는 몇 번씩 "이 이미지는 동양풍의 융단과 똑같다"라고 했지요) 등과 같이 관련이 있다고 생각되는 것을 더해가면, 이 리스트는 아마 엄청난 양이 될 겁니다.

전세계적으로 발견되는 이런 문양의 정체가 과연 무엇일까 하는 것은 오랫동안 수수께끼였습니다. 그런데 마침내 그 정체가 밝혀졌습니다. 그것은 인간이 자신의 뇌 내부에서 출현하는 빛의 이미지를 기하학적인 패턴으로 표현한 것입니다. 자신의 내부에서 솟아나오는 이런 패턴에 대해, 인류는 상당히 오래 전부터 풍부한 체험과 지식을 갖고 있었던 것 같습니다. 그런 지식이 오늘날에는 아마존강 오지에 사는 사람들 사이에서만 완전한 형태로 남아 있는 셈입니다.

엔톱틱Entoptic—내부의 눈

서구의 생리학자들은 19세기에 이르러서야 비로소 자신의 체내에서 이런 불가사의한 도형을 재발견합니다. 19세기에는 예술가나 문학가, 혹은 학자들조차도 종종 '하시시hashish'(대마수지大麻樹脂라고도 함—옮긴이)라고 하는 이집트에서 건너온 환각성 식물을 애용했습니다. 시인 보들레르의 작품을 보면, 종교의 세력이 약화된 근대에는 순수한 자세로 '신성한 것'에 접촉하기 위한 수단으로 이 식물의 힘을 이용했다는 것을 알 수가 있습니다.

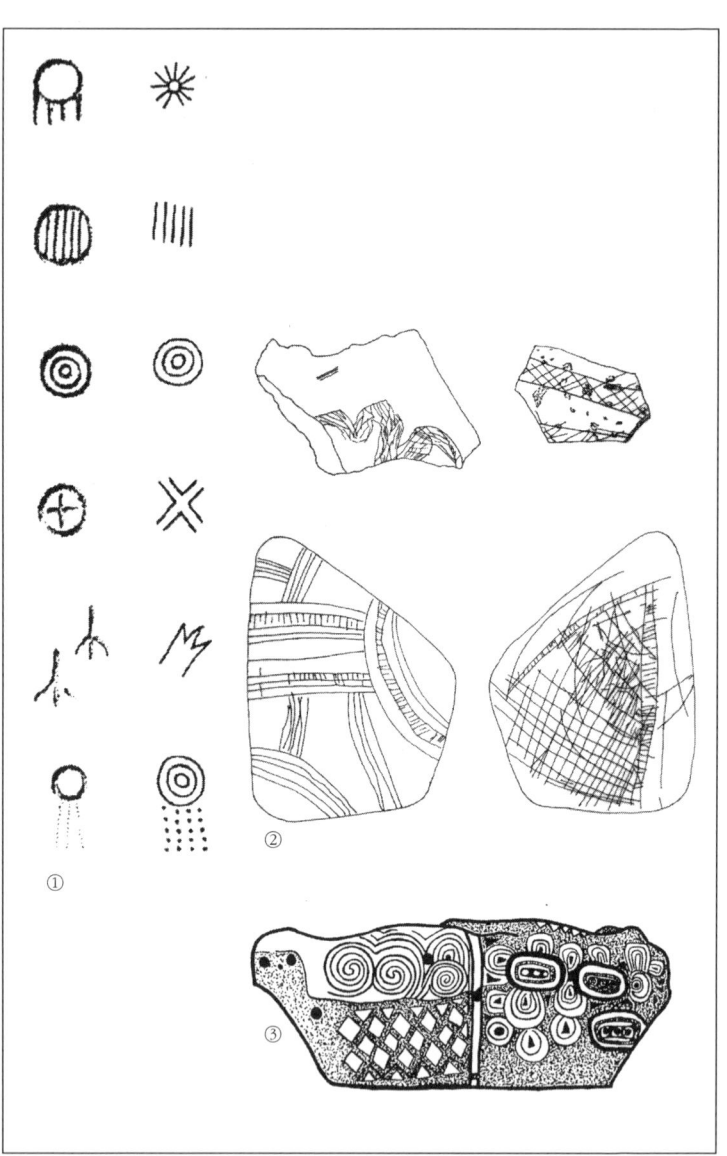

① 태즈메이니아 원주민이 그린 도형 (Robert Lawlor, *Voices of the First Day*)
② 구석기 시대 동굴벽화의 내부시각적 이미지
③ 켈트 유적의 문양 (Bernhard Maier, *Encyclopedia Celtica*)

그런 풍조 속에서 1819년에 무척 특이한 생리학자 푸르킨예 Johannes Purkinje에 의해 하시시 복용 중 눈앞에 나타나는 빛의 패턴이 관찰되었습니다. 이 현상은 '내부섬광phosphene'으로 불리며, 그 후로 많은 사람들의 흥미와 연구의 대상이 되었습니다. 그 결과 안구 속에 빛의 패턴이 나타나는 것과 같은 현상은 하시시나 메스카린 같은 것을 마시거나 흡입했을 때만이 아니라, 고열이 있을 때나 백일몽을 꿀 때도 발생한다는 사실을 알게 되었습니다.

20세기가 되자, 동일한 현상을 전기 자극을 통해 발생시키려는 연구가 활발해졌습니다. 그중에서도 유명한 것으로는 독일의 생리학자 막스 크놀Max Knoll(독일의 과학자로, 1931년에 20세기의 가장 중요한 발명의 하나로 꼽히는 전자현미경을 에른스트 루스카와 공동으로 개발함―옮긴이)과 그의 동료들이 정밀한 실험을 통해 약 열다섯 종류의 기본 패턴을 찾아낸 것을 들 수 있습니다(50쪽 그림 참조). 그런데 흥미로운 것은 전기 자극에 의해 출현하는 '내부섬광'의 패턴이, 투카노족이 묘사한 '은하'로의 비행 중에 나타나는 빛의 기본 패턴과 놀라울 정도로 유사하다는 점입니다.

지금은 이런 패턴은 빛이 완전히 차단된 암실에 들어가도 출현한다는 것을 알게 되었습니다. 빛이 완전히 차단된 암실에 들어가 외부로부터 오는 빛의 잔영이 사라진 후에 편안한 마음으로 있다 보면, 어느 순간 갑자기 시각야視覺野가 발광을 시작합니다. 희뿌연 구름 같은 것이 나타나 작은 별처럼 보이는 것이 깜빡거리고, 뒤를 이어 파랑이나 초록, 노랑빛의 은은한 색채가 흘러갑니다. 돌마토프가 봤던 '격자 모양'의 그물 같은 것도 명확히 보입니다.

Lewis-Williams J. D. and Dowson T. A. "The Signs of All Times"
Current Anthropology 29 (2), 1988

아동심리학에도 동일한 연구가 적용되었습니다. 2세에서 4세
정도의 어린아이가 그리는 '추상적'인 그림을 조사해보니, 거기서
도 '내부섬광'에서 볼 수 있는 것과 똑같은 패턴이 발견되었습니다.
그 아이들은 언제 그런 체험을 한 걸까요? 안구를 세게 누르면 비슷
한 패턴이 나타나는 것을 보더라도, 아이들은 매우 자연스럽게 자신
의 내부에서 나타나는 '추상적'인 도형을 체험한다는 것을 알 수 있
습니다. 말하자면 아이들은 주변에 있는 개나 어머니의 모습을 그리
기 전부터 훌륭한 '추상화가'의 능력을 발휘하는 셈입니다.

이런 현상은 전부 '내부시각Entoptic'이라는 용어로 불리며 널
리 연구되어왔습니다. 조금 전에도 말했듯이, 학문세계까지도 히피
의 영향을 받던 1970년대에는 많은 인류학자가 중남미에서 여러 종
류의 환각성 식물의 효능을 스스로 체험하고 관찰했습니다. 그럼으
로써 그들은 생리학자들이 '내부섬광'의 문제로서 연구해온 것과
자신들이 체험하는 것이 똑같은 현상임을 깨달았습니다.

인류학자나 고고학자들은 어린아이들이 훌륭한 '추상화가' 인이유에 대해 이렇게 생각했습니다.

'어린아이들이 누군가에게 배워서가 아니라 자신의 눈에 보이는 '내부섬광' 을 표현한 것이라면, 구석기 시대의 동굴이나 신석기 시대의 항아리 같은 것에 그려져 있는 특이한 문양도 '내부시각' 에 나타나는 빛의 패턴에 근거한 것이 아닐까? 그렇다면 예술의 발생이 이 '내부시각' 의 표현에서 비롯되었다고 생각할 수는 없을까? 인류는 외부세계를 보며 그림을 그리기 시작한 것이 아니라, 우선 자신의 내부에 발생하는 빛의 패턴을 보며 그림을 그린 것이다.'

샤먼의 '과학'

남아메리카의 선주민이나 구석기 시대에 그런 문양을 벽화에 그린 사람들, 그리고 신석기 시대 이후에도 일종의 신성도형으로서 집 장식을 위해 사용해온 사람들은 환각성 식물을 비롯한 다양한 방법에 의해, 자신의 마음의 내부를 들여다보는 눈에 비친 유동하는 빛의 패턴을 스피리트와 접촉이 실현된 증거로 해석하려 합니다. 그에 비해서 서구의 생리학자들은 그런 빛의 패턴을 뉴런의 발화현상이나 시신경의 흥분으로 환원하여 이해하려 했습니다.

언뜻 보면 이 두 이해 방법 사이에는 아무런 공통점도 없는 것처럼 생각될 수도 있습니다. 하지만 그 근본은 서로 통한다고 할 수있습니다. 즉 둘 다 '내부시각' 이라는 현상을 의식과 물질의 경계면에서 일어나는 것으로 생각한다는 점에서는 똑같은 주장을 하고 있는 셈입니다.

고대인이나 선주민들은 환각성 식물로 인한 '내부시각'을 스피리트라는 존재와 연결시킵니다. 스피리트는 인간의 사고나 의지 밖에서 활약하는 것으로 제어가 불가능한 존재입니다. 한편 서구의 과학에서는 내부시각의 문제를 정신활동의 '기본과정'(elementary process에 대한 번역어로서 어떤 현상의 가장 기본이 되는 과정을 의미함. 일본에서는 '소과정素過程'으로 번역되어 과학에서만이 아니라 다양한 영역에서 쓰이고 있음—옮긴이)으로 환원하려고 합니다. 그런데 이 경우에도 역시 '내부시각'을 마음의 작용 가운데 가장 물질적인 것에 가까운 '기본과정'인 뉴런의 발화과정과 연결해서 이해하려고 합니다.

결국 두 관점 모두 '내부시각'이 마음의 활동의 '밑바닥'에 맞닿아 있다고 하는 점에서는 일치합니다. 이 '밑바닥' 부분에서 마음은 물질적인 과정과 접촉을 합니다. 그런 장소가 예전부터 스피리트와의 접촉 장소이자 스피리트의 힘의 원천인 '은하'의 공간으로 인식되어왔다는 사실이 중요합니다. 즉 인간의 의식을 뛰어넘은(초월한) 스피리트는 동시에 물질로서의 본질을 갖습니다.

마음의 기본과정과 스피리트

우리는 마침내 스피리트의 본성에 대해 어떤 중대한 정보를 입수하게 된 것 같습니다.

조금 전에도 말했듯이, 현대의 과학자들은 '내부시각'이라는 것을 시신경의 통로에서 일어나는 뉴런의 발화와 연결해 이해하려 합니다. 물론 그런 식으로 이해해도, 그때 체험하게 되는 다양한 빛의 패턴이 왜 발생하는지를 설명하는 것은 도저히 불가능합니다. 무엇보다 중요한 것은 '내부시각'이란 마음에서 일어나는 물질적인 기본과정을 직접적으로 반영한 것이라는 점입니다.

컴퓨터의 '물질적인 기본과정'이란 소프트웨어 면에서는 0과 1 이라는 두 개의 숫자가 나열되어 있는 표를 의미하며, 하드웨어 면에서는 ON/OFF라는 전압 변화의 연속을 의미합니다. 그와 마찬가지로 마음에서 일어나는 '물질적인 기본과정'에서도 유동적인 심적 에너지의 심층부로부터 매우 다양한 빛의 형태가 잇달아 출현하는 과정이 끊임없이 반복되고 있을 뿐입니다. 이런 '물질적인 기본과정'에 의해 의미를 가진 세계가 구성됩니다.

그렇게 볼 때 '내부시각'은 마음의 내부이면서 동시에 마음의 외부라고도 할 수 있습니다. 우선 그곳에서 일어나는 물질적인 과정을 토대로 해서 그 이후의 마음의 모든 활동이 구성되므로, '내부시각'은 마음의 내부에서 일어나는 현상입니다. 그러나 그것은 의미가 발생하기 이전의 공간에서 일어나는 것이기도 하므로, '내부시각'을 통해서 사람은 마음의 외부하고도 접촉한다고 할 수 있습니다.

과학자는 그것을 밖으로부터 관찰해서 객관적으로 해석하지만, 고대인이나 선주민은 여러 가지 수단을 동원해서 그런 마음의 기본과정으로 몰래 들어가려는 시도를 한 셈입니다. 그리고 나중에 자신의 체험을 되돌아보며 거기에 '철학' 적인 사고를 덧붙이려 합니다. 물론 이 '철학' 은 우리가 말하는 '인류 최고最古의 철학' 으로서의 신화적 사고를 의미하는데, 그런 사고를 통해 그들은 과학이 하지 않는 것, 즉 자신이 했던 초월적 체험에 철학적 의미를 부여하고자 합니다.

그때 초월적 체험을 설명하는 원리로서 '스피리트' 가 등장하는 겁니다. 그런 점에서 스피리트라는 개념은 미적분에 등장하는 '무한소無限小' 나 '무한대無限大' 의 개념과 동일한 작용을 합니다. '무한소' 든 '무한대' 든 실재하는 것은 아닙니다. 그러나 그런 것을 이상적인 개념으로서 현실에 이용하면 간단히 정확한 계산을 할 수가 있습니다.

그와 마찬가지로 환각성 식물 등으로 인해 확대된 세계를 제대로 이해하기 위해서는 스피리트라는 개념 없이는 불가능합니다. 스피리트가 없으면 그렇게 해서 확대된 부분은 단지 불합리한 것으로 취급되거나, 의미 있는 세계하고는 관련이 없는 단순한 물질과정으로 취급될 수밖에 없습니다. 그래서는 생명체가 받아들이는 세계의 본질을 이해할 수가 없겠지요. 그 정도로 이 세계는 수수께끼로 가득 차 있으니까요.

'모노'—마음? 물질?

스피리트는 우리 마음의 가장 깊은 장소에 살고 있으며, 거기서는 마음의 작용과 물질의 과정이 혼연일체를 이루고 있습니다. '내부시각'의 문제는 이 점을 크게 클로즈업해서 보여줍니다. 나중에 좀 더 자세히 검토하겠지만, 스피리트로 인해 인류는 처음으로 '초월'이라는 것과 접촉하게 된 셈인데, 그것은 일신교의 입장에서 보면 그야말로 기묘한 '초월'이었다고 할 수 있습니다. 왜냐하면 스피리트는 인간의 통상적인 능력을 뛰어넘는 영역에서 오는 존재일 뿐만 아니라, 그곳은 물질의 근원이 나타나는 장소이기도 하기 때문이죠.

그런 의미에서 일본어의 '모노'(12쪽 옮긴이 주 참고)만큼 심오한 내용이 담겨 있는 단어도 없을 겁니다. '모노'는 일본 고어에서 '다마'(영혼을 의미하며 한자로 '靈' 혹은 '魂'으로 표기함. 상세한 것은 '카이에 소바주' 제2권 『곰에서 왕으로』 190~193쪽 참조―옮긴이)나 '가미'(일본 고유의 신神을 의미함―옮긴이)와 함께 스피리트족을 나타내는 단어입니다. 이 '모노'에서 '모노노케物の怪'(원령怨靈을 뜻함―옮긴이) 같은 단어가 생겨났으므로 초감각적인 존재를 나타내는 것은 당연하지만, 같은 단어로부터 물질을 의미하는 '모노'(우리말의 '것'과 마찬가지로 '모노'는 사물의 이름을 대신하는 뜻으로도 쓰임―옮긴이)라는 표현도 탄생했습니다.

이것은 어학적으로도 충분히 해명되지 않은 현상입니다. 그러나 '모노노케'의 '모노'가 물질하고도 관련이 있는 이유는 매우 분명합니다. 스피리트를 통해서 인간은 사고나 감각으로 이루어진 마음의 세계를, 비유적으로 표현하면 '위를 향해서' 초월해갈 뿐만 아니라 '아래를 향한' 초월도 실현하는 셈입니다. 약간 과장된 표현일지도 모르지만, 스피리트는 현대인의 사고가 아직 실현하지 못한 관념론과 유물론의 통일을 그들만의 방식으로 이미 실현했다고도 할 수 있습니다. 이제 드디어 우리는 문제의 핵심부에 다가가게 되었습니다.

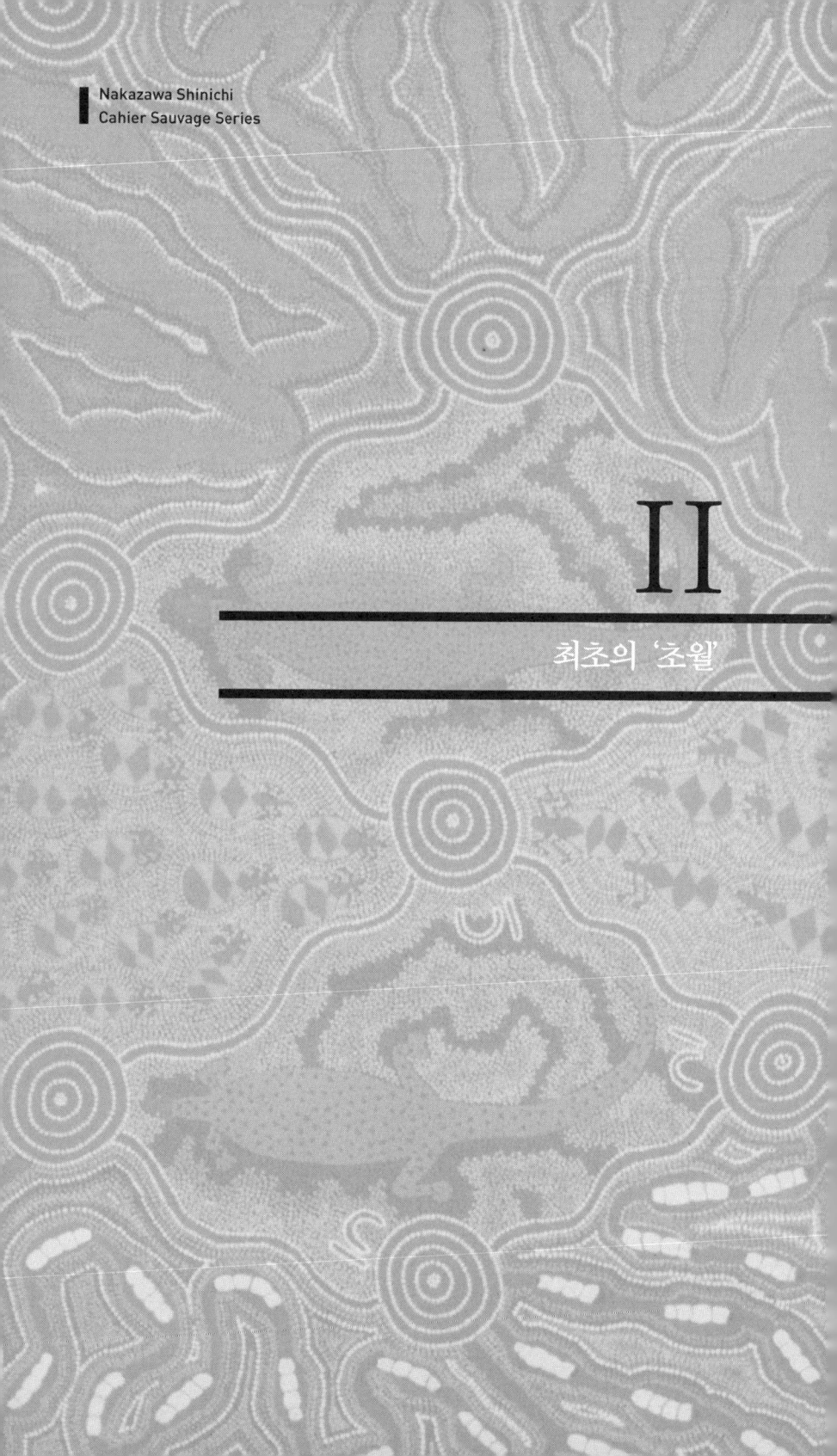

II

최초의 '초월'

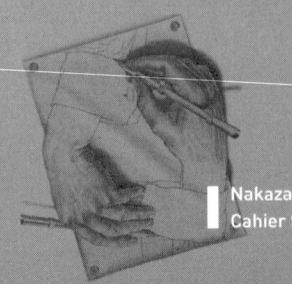

Nakazawa Shinichi
Cahier Sauvage Series

인류 최고最古의 '초월'

우리가 목격한 것은 인류가 체험한 '초월' 가운데 아마도 가장 오래된 형태 중 하나일 겁니다. 그런 추측이 가능한 이유가 두 가지 정도 있습니다.

저는 이 강의를 시작할 때, 스피리트와 접촉을 하거나 그들이 살고 있다고 알려져 있는 공간으로 들어가기 위해서, 특수한 식물이 일으키는 환각작용을 이용하는 남아메리카 선주민의 예를 든 바 있습니다. 그 체험 중에 사람들은 번쩍이는 빛이나 무지개 같은 빛이 물결치듯이 흘러가는 광경, 혹은 수많은 광점이 떠다니는 모습을 생생하게 목격하게 됩니다. 빛으로 이루어진 에너지체가 자신의 뇌 안에서 눈부신 발광發光을 하고, 다이내믹한 운동을 하는 것을 실제로 체험하는 겁니다.

그러나 이런 체험을 하기 위해 환각성 식물이 절대적으로 필요한 것은 아닙니다. 오히려 식물 같은 것을 이용하지 않고도 유사한 체험이 가능하다는 것은 많은 실례를 통해 확인할 수 있습니다. 그중에서 오스트레일리아 원주민인 애보리진Aborigine이 머나먼 옛날 바위에 그린 그림을 예로 들어봅시다. 그 그림에는 환각성 식물을 사용하는 아마존강 오지의 선주민이 집의 내벽에 그린 '내부시각'이 봤던 패턴과 똑같은 문양이 그려져 있지만, 애보리진은 식물의 힘을 이용하지 않고도 같은 패턴이 자신들의 체내에서 밖으로 방출되는 광경을 관찰했습니다.

그것이 구체적으로 어떤 방식으로 이루어졌는지는 그들의 문화 중 가장 비밀스런 부분에 속하는 것이므로 자세한 것은 알 수 없습니다. 하지만 20세기 초반에 쓰여진 인류학자의 기록 같은 것을 읽어보면, 파란 하늘을 뚫어지게 응시하는 방식으로 체험된 것이 아닐까 하는 추측은 가능합니다. 그런 기록에는 사막으로 나가서 파란 하늘을 꼼짝 않고 지그시 응시하고 있는 나이 지긋한 사람의 모습이 묘사되어 있곤 하는데, 당시에 애보리진 가운데 지적 능력이 뛰어난 사람들은 '내부시각'을 통해 출현하는 빛의 에너지가 이동하는 광경을 관찰했던 것 같습니다.

그런 추측이 가능한 것은 그 방식이 티베트에서는 지금도 행해지고 있기 때문이죠. 실제로 저의 경우, 전승되고 있는 특별한 방식에 따라 파란 하늘을 계속 응시하고 있자, 짙은 파란색 가운데서 광점이나 뱀처럼 움직이는 무지개 띠, 혹은 격자 모양으로 흔들리는 빛 등이 잇달아 출현하는 것을 '내부시각'에 의해 직접 체험한 적이 있습니다. 애보리진은 그때 '드림 타임Dream Time'(꿈의 시간)이라고 불리는 상태에 빠져드는데, 그 상태에서 이런 빛의 패턴이 실제로 관찰되었을 겁니다.

고대기술로서의 명상

애보리진의 방식은 곧 우리가 보통 '명상Meditation'이라고 부르는 것에 해당합니다. 그들의 문화는 어림잡아 3만 년 혹은 4만 년 이상은 될 것으로 추정될 정도로 오랜 역사를 갖고 있으므로, 명상은 호모 사피엔스의 역사와 함께한다고 해도 지나친 말이 아닙니다.

실제로 오늘날 '명상' 이라고 불리는 방식을 통해서도 동일한 체험이 가능합니다. 인도의 모헨조다로 유적에서 발견된 테라코타에는 오늘날의 요가 수행자와 똑같은 모습을 한 승려처럼 보이는 사람의 모습이 묘사되어 있습니다. 그들의 종교체험을 기록한 아주 오래된 책 『리그 베다』에는, 깊은 명상에 들어가면 '타는 듯한 불' 이나 '눈부신 빛' 이 출현한다고 적혀 있습니다. 광대버섯에서 추출한 주스를 마심으로써 그런 체험이 가능했다고도 생각할 수 있지만('카이에 소바주' 제1권 『신화, 인류 최고의 철학』), 환각성 식물의 도움을 빌리지 않고 호흡을 가다듬어 교감신경을 조절하는 명상법만으로도 이런 '불' 이나 '빛' 이 내부로부터 나타날 수 있습니다.

인도의 요가 수행자들은 가부좌를 틀고 명상을 합니다. 그러나 서아시아에 전승되는 방식에 의하면, 무릎을 끌어안고 어두운 곳에 장시간 틀어박혀 있음으로써 동일한 체험이 가능합니다. 호흡을 조절하고 그런 자세를 오랫동안 유지하고 있으면, 이마 부근의 공간이 갑자기 '열리며' 거기에 '너무나 눈이 부셔 견딜 수 없을 정도로' 빠른 속도로 회전하는 빛의 소용돌이가 나타납니다. 이 빛의 소용돌이를 후세의 유대교에서는 '메르카바의 신전' 등의 명칭으로 부르는데, 그 본질은 바로 '내부시각' 입니다.

이런 예는 얼마든지 들 수 있습니다. 요컨대 명상이라는 것은 까마득한 옛날부터 시도되어왔던 '초월' 과의 접촉을 위한 기술이었습니다. 그것은 호흡을 가다듬는 법에서 시작해서 식물의 복잡한 조합법의 확립에 이르기까지, 매우 광범위한 지식을 포함하고 있습니다. 그것이 언제쯤 시작된 전통인지는 모르겠지만, 라스코 동굴처럼 구석기 시대 사람들이 사용한 동굴 내부에서 치러진 의식을 생각해보면, 그런 체험은 현생인류의 출현과 거의 같은 시기에 시작된 것이 아닐까 하고 추측해볼 수도 있습니다.

어찌 되었든 동굴 내부에는 칠흑 같은 어둠이 깔려 있습니다. 그러니 그곳에 장시간 머무르는 것만으로도 순수한 지각을 가진 사람들이 '내부시각'을 체험하게 되는 것은 극히 자연스런 일이지요. 우리는 전에(『카이에 소바주』제2권 『곰에서 왕으로』) 구석기 시대의 호모 사피엔스가 동굴 속에서 치르던 의식의 흔적을 통해서, 곰과 같은 동물에 '초월적인 신'이 깃들어 있다고 믿는 종교적 사고가 싹튼 것이 아닐까 하고 이야기한 적이 있습니다. 그런 사고 역시 동굴의 어둠으로 가능해진 '내부시각'의 체험과 같은 것이 아닐까요?

그렇다면 유라시아대륙의 문화에서 곰에 해당하는 동물로서 오스트레일리아 애보리진의 '무지개 뱀'(오스트레일리아 원주민들의 신화 속에 등장하는 초대형 뱀의 형태를 한 가공의 동물. 산이나 강 등을 창조한 창조신의 성격을 띰—옮긴이)에 대해 생각해보면, 곰이나 뱀(물론 '무지개 뱀'은 상상의 존재이지만) 같은 동물에서 '초월성'을 발견하는 사고와, 인간의 신체 내부로부터 발광하는 '내부시각'에 의해 가능한 '초월체험'은 아무래도 깊은 관련이 있었을 것으로 생각됩니다. 이 점에 대해서는 잠시 후에 상세히 검토하기로 하겠습니다. 여하튼 '내부시각'의 체험은 인류의 가장 오래된 '초월성'을 둘러싼 사고와 깊은 관련이 있습니다.

인지고고학을 '초월성' 쪽으로 확대해보자

이것을 근거로 또 다른 이유를 생각해볼 수가 있습니다. 환각성 식물이나 명상은 전부 인간의 마음에는 '밑바닥'과 같은 부분이 있으며, 그곳을 빠져나가면 그 너머에는 순수한 에너지가 유동하고 있고 사고가 미치지 않는(미칠 수 없는) 영역이 펼쳐져 있다는 것을 인간에게 가르치려 합니다. 그 영역은 '은하'처럼 광대합니다. 그것에 어떤 한계를 부여할 수 있는 사고의 틀은 전혀 존재하지 않습니다. 순수한 형태 패턴만이 '깊이를 알 수 없는 밑바닥'에서 계속 나타납니다. 이처럼 마음 밑바닥에서 끝없이 넘쳐흐르는 유동체의 본질은 과연 무엇일까요?

여기서 우리가 이 일련의 강의에서 일관성 있게 견지하고 있는 인지고고학Cognitive Archeology의 시점을 이 문제에 적용해보기로 하겠습니다. 현생인류의 마음의 기구가 어떻게 해서 형성되었는가 하는 문제에 대해 인지고고학은 다음과 같은 가설을 제시합니다.

3만 년에서 4만 년쯤 전에 지구상의 어디에선지는 정확히 모르지만, 우리의 직접적인 선조인 현생인류가 출현했습니다. 그 이전에 존재했던 네안데르탈인과 비교하면, 머리 크기가 조금 작아지고 약간 멋있어진 느낌이지만, 전체적으로 그다지 커다란 변화는 보이지 않습니다. 하지만 겉으로는 보이지 않는 혁명적인 변화가 그 작아진 뇌의 내부에서 일어났습니다.

뉴런의 결합 방식이 훨씬 복잡해져, 네안데르탈인의 뇌에서는 볼 수 없었던 '횡단적'인 결합조직이 현생인류의 뇌에 형성되었던 겁니다. 용량이 큰 네안데르탈인의 뇌에서는 기술적 지식, 사회적 지식, 박물학적 지식 등을 취급하는 영역이 제각기 분리되어 있었습니다. 이를테면 커다란 방에 덩치 큰 컴퓨터가 병렬로 배치되어 있는 상태에서, 각 컴퓨터는 가장 자신 있는 영역에서 독립적으로 작업하는 상태였던 셈입니다. 그런데 현생인류가 갖고 있는 새로운 형태의 뇌에서는 다른 영역의 지식을 횡적으로 서로 연결해가는 새로운 통로가 형성되었으며, 그 통로를 전에는 본 적도 없는 '유동적 지성'이 엄청난 속도로 흐르기 시작했습니다.

비유 능력

이런 변화에 의해 우리는 지금과 같은 지적 능력을 획득하였습니다. 유동적 지성은 서로 다른 영역을 연결하거나 중첩시키는 것을 가능하게 했습니다. 이렇게 해서 '비유적'인 것을 본질로 하는 현생인류 특유의 지성이 탄생했던 겁니다. '비유적'인 사고는 크게 '은유적'인 사고와 '환유적'인 사고라는 두 축으로 이루어져 있는데, 이 두 축을 연결하면 현재 인류가 사용하고 있는 모든 종류의 언어의 심층 구조가 탄생합니다.

　'비유적'인 사고능력을 획득하면, 언어로 표현하는 세계와 현실은 반드시 일치하지 않아도 됩니다. 현실로부터 자유로운 사고가 가능해지는 셈이지요. 신화나 음악도 같은 구조를 이용합니다. 요컨대 현생인류의 뇌에 일어난 혁명적 변화로 인해, 말을 하고, 노래를

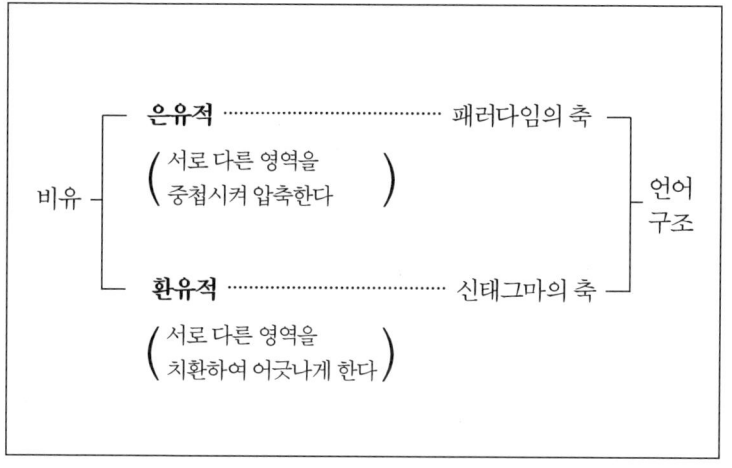

비유 능력이 언어구조를 낳는다

하고, 악기를 연주하고, 신화에 의해 최초의 철학을 시작하고, 복잡한 사회조직을 만드는 것이 한꺼번에 가능해진 것입니다.

게다가 정신분석학의 연구에 의하면, 인류에게만 존재하는 '무의식'의 틀이 이때 만들어집니다. 꿈은 곧 무의식이 하는 말로도 생각할 수 있는데, 이 꿈의 '이야기'는 이미지를 압축하는 '은유적'인 작용과 이미지를 어긋나게 하는 '환유적'인 작용의 두 가지로 이루어져 있습니다. 무의식이 직접적으로 스스로를 표현하는 마음의 작용이 곧 꿈이라고 한다면, 무의식 자체가 언어와 동일한 '은유' 축과 '환유' 축에 의해 움직일 거라는 생각이 듭니다. 바로 이런 생각으로부터 "무의식은 언어처럼 구조화되어 있다"라는 라캉의 유명한 명제도 탄생합니다.

무의식은 우리의 감정생활에 커다란 영향을 미칩니다. 그런 관점에서 보면, 인류 특유의 감정생활 같은 것도 '비유'에 의한 사고가 발생해 가능해진 것 중 하나라고 할 수 있을지도 모릅니다. 단어의 형성에 의해 우리의 마음도 생겨난 셈이지요.

유동적 지성에서 '초월'이 싹트다

그런데 그때 또 하나의 중요한 사고 형태가 탄생했다고 생각할 수가 있습니다. '초월성'을 둘러싼 종교적 사고가 발생 가능한 조건이 뇌 안에서 갖추어졌던 겁니다.

현생인류의 뇌에 일어난 변화에 의해, 뇌의 내부를 유동적 지성이 이동할 수 있는 조건이 갖추어졌습니다. 이 유동적 지성은 서로 다른 인지영역 사이에 형성된 통로를 횡단적으로 흘러갑니다. 그럼 으로써 인류 특유의 사고가 발생하는데, 그때 유동적 지성은 어느 영역에도 소속되지 않는다는 특징을 갖습니다. 즉 유동적 지성의 이동에 의해 '어떤 대상에 대한 사고'라는 것이 발생하는데, 유동적 지성은 어떤 대상에 대해 사고하는 것이 아니라 사고 자체를 사고하면서 여러 영역을 횡단합니다.

어느 영역에도 소속되지 않는 사고, 어떤 대상에 대해 사고하는 것이 아니라 사고 자체에 대해 사고하는 사고, 사고가 탄생하는 곳 여기저기서 발견되면서도 발생한 사고를 항상 뛰어넘어버리는 사고, 한마디로 말해서 '사고 자체'라는 것이 유동적 지성과 함께 싹트기 시작합니다. '사고 자체'는 칸트의 '물 자체物自體Das Ding an sich'(칸트 철학의 중심개념으로 선험적 대상이라고도 함. 생각할 수는 있지만 인식할 수는 없는 것으로서 감각의 원인으로 간주됨—옮긴이)와 매우 흡사합니다. '물 자체'는 마음의 작용을 초월해 있는데, 그와 마찬가지로 '사고 자체'도 모든 사고를 성립시키면서 동시에 모든 사고를 초월해 있으니까요.

이렇게 해서 유동적 지성이 뉴런 사이를 활발히 움직이기 시작함과 동시에, 사고에 대해 생각하는 사고가 우리의 뇌 내부에서 활동을 개시하는 겁니다. 그것은 구체적인 이미지에 묶이지 않고 활동하는 지성이므로, 그 자체로는 형태도 색깔도 없는 '추상성'을 본질로 삼습니다. 게다가 그것은 뇌 내부를 다이내믹하게 이동해가므로 엄청난 역동성으로 넘쳐납니다. 온갖 사고가 이 유동적 지성으로부터 탄생하므로, 그것은 근원적인 것입니다. 마음을 초월한 것, 그리고 사고나 감각이 파악할 수 있는 영역을 초월한 것이 마음의 근원에서 움직이고 있음을 느끼는, 그런 직관에서 종교적 사고가 탄생하는 것입니다.

사고를 초월한 것이란 사고와 별개의 것은 아닙니다. 유동하는 지성의 순수한 작용에 근거하는 그것은 어떤 사고로든 침투해 현생 인류다운 사고를 가능하게 합니다. 하지만 그것은 어떤 구체적인 사고도 초월한 측면을 갖고 있습니다. 사고의 내부에 머물러 있는 한, 유동적 지성 자체를 사고하는 것은 불가능합니다. 그렇기 때문에 사고 내부에서 직관적으로 그것을 바라보면, 자기 밖에 존재하는 초월의 작용으로 받아들이게 됩니다. 그런 것이 신화적 사고와 함께 현생 인류의 마음에 싹텄습니다.

신화적 사고와 종교적 사고

신화는 구체적인 것, 가령 옛날사람들이 매일같이 진지하게 관찰하던 동물의 생태, 혹은 약이나 독을 취하기 위해 꼼꼼히 조사해서 알게 된 식물에 관한 사실, 혹은 여성이라는 존재의 불가사의함 등등을 사고의 소재로 삼습니다. 즉 신화는 그런 구체적인 것을 사용해서 철학을 하는 셈입니다.

그때 신화는 '비유'에 의한 사고를 충분히 활용합니다. 사고를 위해 수집된 소재들을 서로 비교해보고, 어떤 점이 유사한지 철저하게 조사합니다. 그런 다음에 이것과 저것은 '은유적'으로 서로 매우 유사하다고 할 수 있으며 저것과 이것은 '환유적'으로 연결이 가능하다는 식으로, 일종의 문법에 의해 결합해갑니다. 그렇기 때문에 신화에는 '구조'가 존재한다고 하는 겁니다.

그런데 '초월'에 대한 직관을 자기 안에 받아들인 종교적 사고에서는 전혀 다른 현상이 전개됩니다. 유동적 지성이 이질적인 영역을 횡단적으로 연결해감으로써, 인류의 기본적인 사고능력은 획득됩니다. 그러나 그렇게 획득된 사고의 내부에서 바라보면, 자기 내부로 흘러들어 왔다가 다시 밖으로 흘러가버리는 '유동하는 것'의 본질은 부분적으로밖에 이해할 수가 없습니다. 이렇게 해서 순수사고인 유동적 지성은 '초월'에 대한 직관을 눈뜨게 하고, 그것을 통해 마음이 포착하는 세계의 '밖'을 향한 통로가 열리게 됩니다.

이때 인간의 직관이 포착하는 것은 어떤 사고 형태임에는 틀림없지만, 몇 가지 점에서 일반적인 사고하고는 결정적인 차이가 있습니다. 우선 거기서는 이미지가 갖는 구체성이 제거되고, 추상적인 힘만이 다이내믹하게 활동하게 됩니다. 또한 그것은 유동성을 본질로 삼고 있으므로, 어떤 '구조'로도 통제가 불가능합니다. '구조'를 빠져나가 버리니까요.

따라서 '초월'이 출현하는 곳에서는 사고를 비롯한 모든 것의 안정적인 순환이 멈춰버립니다. 일종의 비상사태가 일어나는 셈이지요. 쿠데타나 전쟁 같은 비상사태가 발생하면 그때까지 일상생활의 안정을 유지해오던 법률이나 제도가 일단 정지되고, 비상사태에 대처할 태세를 갖추게 마련입니다. 마찬가지로 '초월'이 출현하는 경우에도 사고를 비롯한 모든 것의 매끄러운 흐름은 거기서 일단 끊기고 다른 질서가 나타나게 됩니다.

'순수증여'의 본질이 명확해지다

이런 현상을 우리는 이미 '카이에 소바주' 제3권 『사랑과 경제의 로고스』에서 자세히 관찰한 바 있습니다. 거기서는 증여 원리의 극한에 나타나는 '순수증여'라는 개념이 등장했습니다. 상당히 이해하기 힘든 개념이었겠지만, 이제 그 의미를 이해하셨을 겁니다. 그것은 증여 원리로부터의 '내재적 초월'을 의미합니다.

'순수증여'는 구체적인 물질성을 가진 선물을 상대방에게 건네는 것을 부정했습니다. 물질적인 형태를 갖고 있지 않은, 즉 눈에 보이지 않는 '유동하는 것'이 사람과 사람 사이를 이동해가기 위해서,

'순수증여'는 물질을 제공하는 증여를 초월하고자 했습니다. 또한 그것은 증여에 대한 답례를 부정합니다. '순수증여'는 답례에 의해 증여의 고리가 형성되어가는 것을 부정해, 그런 순환 고리에 수직으로 끼어들어 고리를 절단해버렸습니다.

　이런 특징은 전부 '순수증여'가 '초월'과 관련이 있음을 나타냅니다. 순수증여는 증여의 원리 안에서 출현해 증여의 고리를 절단하는 신의 작용입니다. 교환과 증여만으로는 인간의 경제활동의 전체성을 완전히 이해할 수는 없습니다. 거기에는 '초월'을 내포한 '순수증여'가 포함될 필요가 있습니다.

　증여는 가장 오래된 사회적 커뮤니케이션의 한 형태입니다. 아마도 말을 자유롭게 할 수 있게 된 것과 병행해 증여라는 커뮤니케이션 형태가 탄생했을 겁니다. 결국 증여 역시 유동적 지성으로 가능해진 '인간적인 행위'의 한 형태인 셈입니다. 유동적 지성은 '초월'을 인류의 사고의 전면前面으로 끌어냅니다. 그러면 전체성으로서의 경제에 초월이라는 요소가 포함되어 있어도 조금도 이상할 것이 없습니다.

마음의 내부에서 일어나는 '초월'

이 모든 것이 우리 호모 사피엔스 사피엔스의 마음 내부에서 일어납니다. '초월'이라고 하면 어딘가 인간 밖의 세계에서 일어나는 일인 양 여겨질지도 모르지만, 사실 '초월'은 마음의 내부를 관통해 일어나는 것입니다. 이런 사태를 스피노자 철학에서는 '내재적 초월'이라고 했는데, 바로 이 '내재한 채로 초월한다'라는 것이 현생인류의 마음의 기본구조 그 자체에 의해 가능해집니다.

생물은 주위 환경의 변화에 영향을 받기 힘든 '내부환경'이라는 것을 만들기 위해 노력해왔습니다. 세포 주위를 막으로 뒤덮어, 외부의 온도나 습도, 산酸이나 알칼리 농도의 변화 등이 세포 내부의 조직에 영향을 미치지 않도록 하는 시스템을 발달시켜왔습니다. 그렇게 해서 확보된 내부환경의 안정(호메오스타시스Homeostasis)을 지키기 위해, 외부로부터 다른 의지나 기구를 가진 생명체가 들어오기 어렵게 하는 면역 시스템도 발달시켜왔습니다. 그럼으로써 생명체는 내면적인 '자유'를 획득하려 해왔다고도 할 수 있겠지요.

현생인류의 뇌에서 처음으로 실현된, 뉴런 조직체를 흐르는 유동적 지성의 출현은, 생명체가 갖고 있는 이런 '내부의 자유'에 대한 욕망을 한층 더 완성에 다가가게끔 하는 작용을 했습니다. 외부세계의 구체적인 사물에 모델이 될 만한 것이 없는 경우에도, 유동적 지성이 낳은 '사고에 대한 사고'(Thinking of Thinking. 이 표현을 최초로 사용한 사람은 아리스토텔레스입니다)는 구체적인 대상이 없는 추상적 공간 속에서 오히려 자유롭게 활동할 수 있었습니다. 이런 것을 가리켜 우리는 보통 "관념적이다"라고 표현하는데, 현생인류야말로 지상에 최초로 출현한 '관념적'인 생명체라고 할 수 있지 않을까요?

그러나 '초월적인 것'에 대해 자유롭게 사고할 수 있는 능력을 가진 현생인류는, 지상에 출현한 이후 2만여 년 동안 이 관념이라는 능력을 자기 밖에 있는 자연을 향해 확대해, 자연을 뇌 안에서 짜인

'계획'에 따라 대폭적으로 개조해버리는 일은 절대로 하지 않았습니다. 그런 일이 일어나게 된 것은 스피리트 가운데서 신이라는 존재가 출현한 이후의 일입니다.

그런 일이 일어나기 전까지 스피리트에 의지해 살아왔던 인류는, 유동적 지성이 개척한 '초월'의 영역에 일어나는 것(그것은 마음 내부에서 일어나는 것입니다)과 외부에 펼쳐져 있는 자연 사이에 일종의 통로를 만들어, 내부와 외부를 잇는 효과적인 방법을 고안해냈습니다. 그 통로를 오스트레일리아 애보리진들은 '드림 타임'(꿈의 시간)으로 불렀습니다. 그것은 스피리트가 사는 공간을 일컫는 또 다른 이름이기도 합니다.

마음의 내부와 외부세계를 이어주는 '드림 타임'

물리학의 '빅뱅 이론'에서는 우주 창조와 관련된 모든 것을 양자론적인 레벨에서의 힘의 교환으로 설명합니다. 그런 설명을 하는 것은 분명히 인간의 지성임에도 불구하고, 마음(의식)에 일어나는 내적 체험은 우주 창조의 모든 과정에서 완전히 배제되어 있습니다.

구약성서의 「창세기」에도 우주 창조에 대한 이야기가 나옵니다. 우주 창조만이 아니라 마음의 내적 체험이 개입되어 이루어진, 지구와 지구에 사는 온갖 생명의 창조에 대한 이야기가 나옵니다. 그런데 창조에 관여하고 있는 것은 오로지 '신의 마음(의식)'이 하는 내적 체험뿐입니다. 그러고는 단지 물질 속에 신의 의식(창조에 대한 계획서)을 불어넣어 마음을 가진 생명체가 출현한 것으로 묘사되어 있습니다. 여기서도 신 이외의 모든 생명체의 마음에서 이루어지는 내적 체험은 배제되어 있다고 해도 좋겠지요.

그 점에서는 성서나 물리학 이론이나 별 차이가 없다고 해도 좋습니다. 성서나 물리학은 마음(의식)의 내적 체험과 외부세계의 현실을 하나로 통합해가는 노력을 거의 거부합니다. 그런데 이런 현상은 인류 역사에서는 오히려 예외적인 것으로, 마음에서 이루어지는 내적 체험과 외부세계의 현실을 하나로 연결되어 있는 것으로 생각한 사람들이 훨씬 많았습니다.

여러분도 그렇게 느끼지 않나요? 누구나 똑같이 이해할 수 있는 객관적 현실이란 없으며, 현실이라는 것은 사람들 각자의 마음 상태와 외부 현실이 뒤섞인 '중간적'인 대상과 같은 것으로, 본래는 서로 대화를 통해 공통의 인식을 형성할 수 있을 정도로 무척 유연한 것이라고 느끼지 않나요?

현실을 바라보는 이런 시점을 오스트레일리아 애보리진의 세계에서는 거의 철학적인 수준으로까지 끌어올렸습니다. 이 세계는 마음에서 이루어지는 내적 체험과 물질로 이루어진 외적 세계의 체험이 하나로 연결된 것으로서 끊임없이 짜여가는 것이라는 생각이 그 사람들의 기본적인 철학입니다. 그리고 내적 체험과 외적 체험이 하나가 되어 끊임없이 세계를 다이내믹하게 '창조'해가는 과정을 그들은 '드림 타임'이라고 합니다.

태양은 어떻게 창조되었나

애보리진의 세계를 대표하는 다음 신화를 보기로 합시다.

태양은 어떻게 창조되었나

아주 오랫동안 태양은 없었으며 있는 것이라고는 오로지 달과 별 뿐이었다. 지상에 인간이 탄생하기 전에는 새와 짐승밖에 없었고 그 크기는 제각각이었으며 어느 것이나 지금보다 훨씬 컸다.

어느 날의 일이다. 에뮤(에뮤과의 새로, 오스트레일리아가 특산이며 지구상에 단 한 종뿐임. 키는 약 1.8미터로 타조와 비슷하게 생겼음—옮긴이) '딘나완' 과 그의 단짝친구 '부로루가' 가 마란비지강 근처의 대평원에 있었다. 거기서 두 마리는 옥신각신하다가 싸움을 하게 되었다. 엄청나게 화가 난 부로루가는 딘나완의 둥지를 향해 돌진해, 커다란 알을 하나 낚아채더니 하늘을 향해 힘껏 던졌다. 알이 하늘 높이 쌓여 있던 장작 위에서 깨지자, 장작이 노른자로 범벅이 되었다. 그러자 갑자기 장작에 불이 붙더니 그 불길이 지상의 세계를 밝게 비추어, 지상의 생물은 모두 놀라고 말았다. 어슴푸레한 빛에 익숙해 있었기 때문에 너무 밝아 눈이 부셨던 것이다.

하늘에 사는 착한 정령은 불길로 드러난 밝고 아름다운 대지의 모습을 목격했다. 그리고 매일같이 불을 피운다면 멋질 거라는 생각을 했다. 착한 정령과 그 옆에서 시중드는 정령은 밤새 장작을 모아서는 쌓아올렸다. 장작더미가 상당한 높이까지 올라가자 착한 정령들은 새벽녘의 별을 시켜, "조금 있으면 불이 붙는다!" 라고 경고하게끔 했다.

하지만 잠들어 있는 자들은 새벽 별 같은 것은 보지 않으니까, 그런 경고는 의미가 없다고 정령들은 생각했다. 그래서 태양이 떠오르는 것을 미리 알려 잠들어 있는 자들을 깨우려면 누군가 새벽에 법석을 떨면 되겠다고 생각했다. 하지만 정령들은 누구에게 그 역할을 맡겨야 할지 오랫동안 결정을 내리지 못하고 있었다.

어느 날 밤의 일이다. 정령들은 마침내 물총새 구구아가가의 웃음소리가 대기를 진동시키는 것을 들었다.

"이런 시끄러운 소리가 필요했어." 정령들이 말했다.

그래서 정령들은 구구아가가에게 이렇게 명령했다. "매일 아침 새벽 별이 희미해지면서 날이 밝을 무렵, 반드시 엄청나게 큰 소리로 웃어서 잠들어 있는 자들을 깨워라!" 만일 물총새가 그 말을 어긴다면 더 이상 장작에 불을 붙이지 않을 것이다. 그렇게 되면 대지는 또다시 어두침침한 세계로 돌아가고 말겠지.

하지만 구구아가가는 세계를 위해서 빛을 지켜냈다. 매일 아침 새벽녘에 엄청나게 큰 소리로 웃었던 것이다. 그 이후 계속 구구아가가는 "구구아가가, 구구아가가, 구구아가가" 하고 높은 소리로 웃어 대기를 진동시키고 있다.

정령들이 매일 아침 맨 먼저 붙이는 불은 그다지 뜨겁지 않다. 하지만 장작더미 전체가 타오르는 한낮까지는 열기도 점점 강렬해진다. 그러다 그 기세도 서서히 수그러들면서 일몰에는 타다 남은 불만 벌겋게 남게 된다. 그러다가 정령들이 구름으로 덮어서 지킨

불이나, 다음 날 아침 또다시 장작더미에 붙이기 위해 남겨둔 불 이외에는 순식간에 꺼져버린다.

아이들이 구구아가가의 웃음소리를 흉내 내는 것은 금기사항으로 되어 있다. 구구아가가가 그런 아이들의 웃음소리를 들으면, 새벽녘에 두 번 다시 웃지 않을 것이기 때문이다.

아이들이 만일 구구아가가의 웃음소리를 따라했을 경우에는 송 곳니 위로 덧니가 난다. 그것은 그런 웃음소리를 낸 벌이자 본보기이기도 하다. 구구아가가가 일출을 알리는 웃음소리를 멈추게 되면, 대지에는 두 번 다시 새벽이 찾아오지 않아 또다시 암흑의 세계로 돌아갈 거라는 것을 착한 정령들은 잘 알고 있었다.

(Robert Lawlor, *Voices of the First Day*)

에너지장場으로서의 드림 타임

이 이야기에 나오는 것은 전부 드림 타임에서 일어난 일입니다. 드림 타임에서는 아직 모든 것이 결정되어 있지 않습니다. 거기에는 물총새나 캥거루, 에뮤 등이 등장하지만, 그것들은 아직은 지금 우리가 알고 있는 것 같은 모습을 하고 있지 않습니다. 즉 어떤 존재든 물질적인 형태가 아직 고정되어 있지 않은 셈입니다.

드림 타임을 살아가는 동물이나 식물은 에너지장에 담긴 원형 原型상태입니다. 에너지의 흐름만이 아니라 형태에 대한 정보가 포함되어 있다는 생각이지요. 이런 에너지장과 형태소形態素가 일체를 이룬 것이 드림 타임을 살아가는 생물의 본질이므로, 그런 불가사의한 생물들은 스피리트와 같은 본질을 갖고 있는 셈입니다.

따라서 우리 같으면 '모든 것의 본질을 안다' 라고 표현할 것을 오스트레일리아 애보리진은 '드림 타임을 통해 모든 것을 본다' 라고 말하겠지요. 현실이란 사물이나 사건이 생겨나는 다이내믹한 과정을 의미합니다. 그러므로 그들은 자기 주위의 세계를 '볼' 때도, 마음의 내적 체험과 물질로 이루어진 현실세계가 일체가 되어 움직이고 변화해가는 드림 타임을 '볼' 수 있는 의식상태가 필요하다고 생각합니다. 이런 생각은 신이나 국가가 출현하기 이전의 사회에서는 지극히 당연한 사고법이 아니었을까요?

그런 의식상태에서 '본' 세계는 다음과 같은 모습을 하고 있습니다(78쪽 그림).

이 그림의 제목은 '들소의 풍요' 입니다. 드림 타임의 눈으로 '보면', 사막의 들소가 키워주는 풍요로운 생명의 모습이 이런 식으로 묘사됩니다. 이 그림을 보고 여러분은 금세 이해했을 겁니다. 이 그림에서는 생명의 출현이 유동적인 선과 점으로 표현되어 있는데, 이렇게 선이나 점으로 이루어진 문양은 '내부시각' 에서의 체험과 밀접한 관련이 있습니다.

이 그림에서는 우주의 창조나 생명의 발현發現이 애보리진 식의 명상에 의한 내적 체험과 하나로 중첩되어 있습니다. 이 그림을 통해 우리는 '내부시각' 에 의해 펼쳐지는 다이내믹한 빛의 에너지가 유동하는 상태와, 에너지가 충만해 있는 형태형성장形態形成場 morphogenic field(인체에는 세대에서 세대로 이어진 개체의 정보가 기

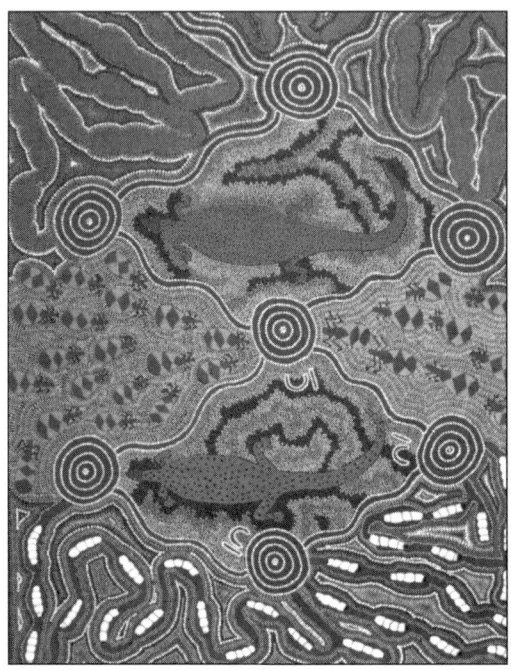

들소의 풍요 (Robert Lawlor, *Voices of the First Day*)

록되어 있는 정보 에너지장이 존재한다고 영국의 생화학자 루퍼트 셸드
레이크Rupert Sheldrake는 주장하는데, 그런 에너지장을 형태형성장이라
고 함—옮긴이)에 생명체나 지형 등이 출현하는 상태, 이 두 상태를
하나로 종합하는 사고가 상당한 수준에 이르렀음을 확인할 수가 있
습니다.

　'세계는 스피리트로 충만해 있다' 라는 식의 사고는 보통은 '애
니미즘' 으로 치부되곤 합니다. 하지만 스피리트가 인간의 마음속에,
좀 더 정확히 표현하면 뇌 안에 살고 있으며, 마음 내부의 체험과 외

부의 현실을 잇는 통로로 자유롭게 왕래하던 존재라는 것을 알게 되면, 그렇게 간단히 생각할 문제가 아니라는 것을 깨닫게 됩니다.

여하튼 우리 호모 사피엔스 사피엔스는 자신의 뇌 내부에 스피리트가 머물 만한 장소를 갖추었을 때에야 비로소 그런 멋진 능력을 갖게 된 셈입니다. 그렇게 생각해보면, 스피리트가 살 장소를 상실한 세계야말로 비정상적으로 편협해져 시야가 좁아진 세계라는 생각이 들지 않나요?

Nakazawa Shinichi
Cahier Sauvage Series

III

신이 되지 않은 그레이트 스피리트

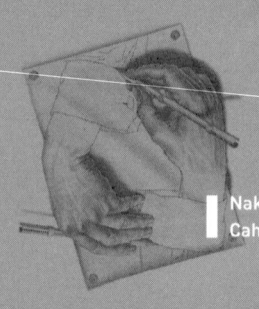

Nakazawa Shinichi
Cahier Sauvage Series

다양성의 숲으로서의 스피리트

스피리트의 최대의 특징 하면 단연 다양성을 들 수 있습니다. 무척 다종다양해, 숫자만이 아니라 종류 또한 엄청나게 많습니다. 이 점은 '오바케ぉ化け'(도깨비)나 '요괴妖怪'로 불리는 존재의 다양성을 생각해보면 이해가 갈 겁니다. 에도 시대(1603~1867) 사람들은 풍부한 유머를 담아 그런 스피리트 세계의 '박물학'을 만들어 즐겼습니다. '백귀야행百鬼夜行'이라는 단어가 의미하듯이, 연달아 줄지어서 모습을 드러내는 것이 스피리트의 특징입니다.

이런 특징은 아무래도 세계 공통인 듯합니다. 오스트레일리아의 사막에 사는 사람들도, 아마존강 유역의 정글에 사는 사람들도, 그리고 북극의 빙야에서 바다표범을 좇고 있는 사람들도 다종다양한 스피리트의 존재에 대해 잘 알고 있었습니다.

크리스트교에 의해 성령이라는 특별한 존재를 남겨두고 그 외의 스피리트는 전부 몰아내버린 것처럼 보이는 유럽에서조차도 사실은 스피리트가 완전히 사라진 것은 아닙니다. 잉글랜드의 스톤서클 유적 근처에 가보면, 지금도 다양한 스피리트의 활약상에 대해 이야기하는 사람들을 만날 수 있으며, 북유럽에서는 '트롤'이라고 불리는 스피리트의 생활이 동화나 그림책으로 만들어져 어린이들의 사랑을 받고 있습니다.

스피리트라는 존재는 인류에게 보편적입니다. 왜냐하면 스피리트는 본질적으로 현생인류의 뇌에 일어난 지적 능력의 혁명적 변화와 관련이 있어, 권력이나 어른들의 상식이 아무리 부정하려고 해도 어린이나 자유로운 정신을 가진 사람들의 마음으로부터 스피리트의 존재를 나타내는 요소를 완전히 제거할 수는 없기 때문이지요. 아니 오히려 스피리트를 무턱대고 부정하려는 사람들이야말로 자신들의 능력이 발생한 '시원始原의 장소'에 대한 기억을 억압하려고 무리를 하고 있다는 생각이 듭니다.

인류의 지적 능력의 '시원의 장소'에서는, 자유로운 유동성을 획득한 순수지성의 흐름이 이미지를 만들어내는 사고 평면을 통과할 때마다, 이해하기 힘든 이미지 덩어리를 계속해서 탄생시킵니다. 그것은 마음의 내적 체험과 외적 세계의 체험의 정확히 '중간' 지점에 형성되며 그 자체가 유동적인 이미지이므로, 어느 하나도 똑같은 형태로 고정되는 법이 없습니다. 그런 유동적인 이미지들의 그룹이 분류적 사고에 의해 어느 정도 정리가 되면서 소위 '백귀야행'을 하는 스피리트들이 등장한 셈입니다.

무지개 뱀

그런데 다종다양을 원리로 하는 스피리트 세계 내부에 이질적인 성격을 가진 특별한 존재가 있으며, 그것이 같은 스피리트 세계에 공존한다는 불가사의한 사실이 예전부터 알려져 있었습니다. 예를 들면 이런 존재입니다.

사막성 기후에서 생활하는 오스트레일리아 애보리진에게 건기에도 말라버리지 않는 수원인 연못은 매우 중요한 의미를 갖는 장소

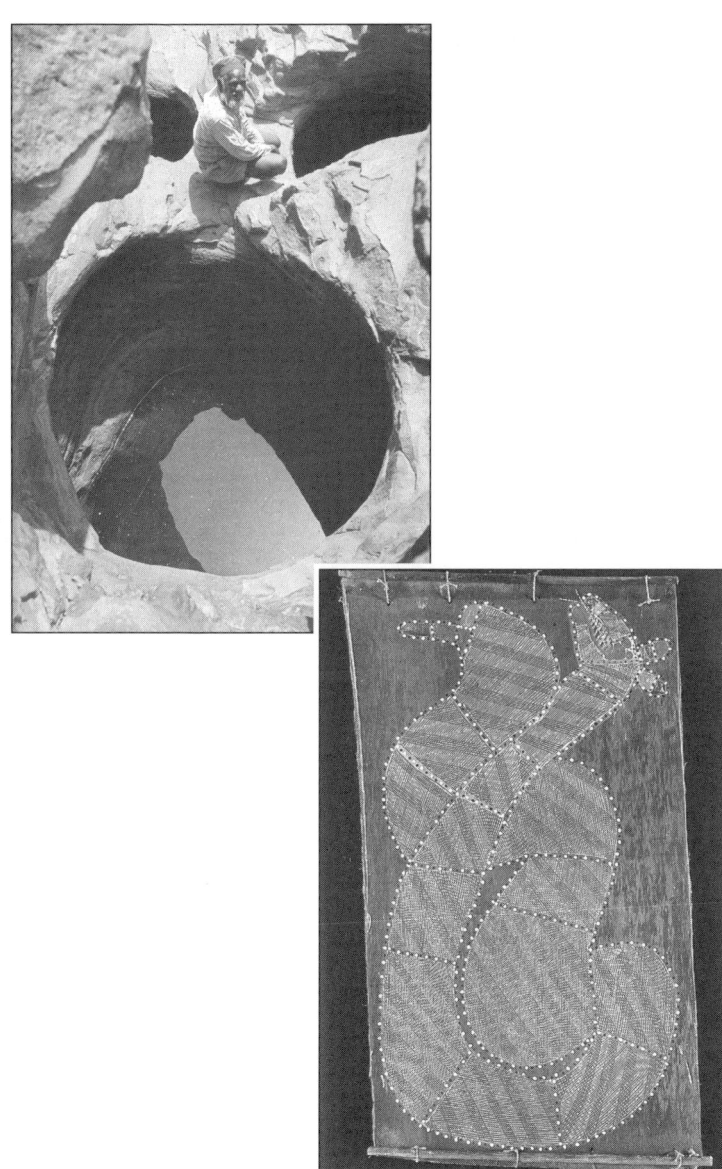

무지개 뱀이 사는 연못(위)과 무지개 뱀(아래)
(Jennifer Isaacs ed. *Australian Dreaming*, Lansdowne)

입니다. 그렇기 때문에 바위의 움푹 팬 곳에 생긴 그런 연못은 특별한 대우를 받아왔습니다. 섣불리 접근해서는 안 되며, 특히 생리중인 여성은 접근은 물론 큰 소리로 떠들거나 웃어도 안 됩니다. 그 연못 바닥에 '무지개 뱀'이 살고 있는 것으로 여겨졌기 때문이죠.

무지개 뱀의 이미지는 광활한 오스트레일리아대륙에 사는 애보리진 사이에서 거의 일정합니다. 그것을 나타내는 단어를 자세히 조사해보면, '무지개 뱀'이라는 고정된 실체가 있는 것이 아닙니다. 수원인 연못 밑바닥에 사는 뱀의 이미지와 하늘을 향해 떠오르는 무지개의 이미지 사이에 공통점이 있다는 사고에 의해 이 두 이미지가 느슨하게 결합되어, 그 주위로 여러 이미지나 사고를 끌어당기고 있는 것을 알 수가 있습니다.

이 뱀은 몸집이 무척 크고, 평소에는 깊은 연못의 밑바닥에 살고 있다가 우기가 다가오면 종종 공중으로 뛰어오르곤 해, 그 모습을 사람들은 무지개로 보는 겁니다. 무지개는 대지 밑바닥에서 공중으로 뛰어오른 에너지체를 의미합니다. 무지개 뱀은 프리즘처럼 반짝이며 공중에 걸려 있는 무지개의 신체를 거쳐 유동하는 에너지인 셈입니다.

무지개 뱀을 '창조를 담당하는 스피리트'라고 부르는 사람들도 있습니다. 우기가 되면 이 뱀은 땅속에서 공중으로 뛰어올라 비가 내리게 하고 홍수를 일으키기도 합니다. 그러나 대지를 적셔주기 때문에, 무지개 뱀 덕분에 식물이나 동물은 번식을 계속할 수 있는 셈입니다. 무지개 뱀의 몸에서 수많은 스피리트의 아이가 태어나 번식합니다. 그리고 스피리트의 아이가 어머니의 몸속으로 들어가면, 얼마

후에 인간이나 동물의 아이가 태어난다고 생각하는 사람들도 있습니다.

무지개 뱀은 위대한 '율법자'이기도 합니다. 여성이나 식량 등이 결혼의 규칙이나 교환의 구조에 따라 원만히 순환하기 위해서는, 인간은 여러 가지 복잡한 규칙을 따라야만 합니다. 그 규칙을 어기는 사람에 대해서 이 뱀은 엄청나게 화를 냅니다. 그리고 자신의 권위가 침범당했다는 사실을 알게 되자마자 곧바로 땅속에서 그 거대한 목을 쳐들어 '율법'을 범한 자를 순식간에 삼켜버린다고 사람들은 믿었습니다.

'위대한 존재'에 대한 감각

무지개 뱀은 틀림없는 스피리트족의 일원이면서, 오스트레일리아 애보리진에게는 위대한 '창조자'이자 '율법자'였던 셈입니다. 여기서 일신교의 성립에 결정적인 역할을 하게 된 모세의 체험을 상기해 보는 것도 좋겠지요. 모세 앞에 나타난 하나님은 천지를 창조한 '창조자'이자 동시에 엄격한 태도로 유대민족에게 율법의 준수를 요구하는 '율법자'였습니다. 모세의 하나님은 거센 질투심으로 자기 이외의 다른 신을 섬기는 것을 금했습니다. 반면 무지개 뱀은 자신이 스피리트의 일원이라는 사실을 부정하기는커녕 오히려 스피리트의 증식에 어떤 기여를 하려고 할 정도로 대범한 성격을 갖고 있습니다.

결국 무지개 뱀은 스피리트 중에서 특별한 존재이면서도 언제까지고 스피리트 세계의 일원으로 남습니다. 스피리트 세계는 엄청난 수와 다양한 종류의 스피리트로 북적이고 있습니다. 그러나 거기에는 일신교의 신을 연상시킬 정도로 엄청난 위력과 독립성을 갖춘 '위대한 스피리트'도 존재합니다. 그러나 그들은 서로를 배제하지 않고 같은 스피리트 세계에서 공존하고 있습니다. 그리고 그런 스피리트의 존재는 '국가를 갖지 않은 사회'에서는 오히려 보편적이었습니다.

아메리카 선주민의 '그레이트 스피리트'

최초로 아메리카 선주민과 백인이 접촉하기 시작한 무렵부터, 그들 사이에 크리스트교의 하나님에 대한 사고와 매우 비슷한 '초월자'의 개념이 있었을 것으로 추측됩니다. 그 개념은 모든 영적인 존재 위에 군림하는 위대한 정령이라는 의미로, 영어로 'Great Spirit'라고 불리게 되었는데, 선교사들이 '너희들이 믿고 있는 그레이트 스피리트가 바로 우리가 이야기하는 하나님이야'라고 아무리 설명해도 선주민들은 좀처럼 납득하지 않았습니다. 하나님과 그레이트 스피리트 사이에는 근본적인 차이가 있었기 때문이죠.

'그레이트 스피리트'로 번역되던 이 위대한 존재에게 바치는 기도에 귀를 기울여보기로 하겠습니다. 이것은 캐나다의 오대호 부근에 살고 있던 오지부아족의 기도입니다.

그레이트 스피리트에게 기도하는 오지부아 인디언
(Edward S. Curtis, *The North American Indian*, TASCHEN, 1997)

오오, 그레이트 스피리트여, 저는 태풍 속에서 당신의 목소리를
듣습니다.

당신의 숨결은 만물에 생명을 불어넣습니다.

부디 제 말을 들어주시기 바랍니다.

당신이 낳은 수많은 자식의 한 사람으로서,

저는 당신에게 마음을 바칩니다.

저는 이토록 나약하고 작습니다.

저에게는 당신의 지혜와 힘이 필요합니다.

부디 제가 아름다운 것 속을 걸어갈 수 있기를.

빨강과 주홍으로 타오르는 노을을 항상 바라볼 수 있기를.

당신이 창조하신 것을 제 손이 정성스레 보살필 수 있기를.

언제나 당신의 목소리를 들을 수 있도록,

제 귀를 쫑긋 세워주십시오.

당신이 우리 인간에게 가르쳐주신 모든 것과,

나뭇잎 하나하나, 바위 하나하나에 숨기고 가신 모든 가르침을,

제가 제대로 이해할 수 있도록 현명한 지혜를 주십시오.

저에게 지혜와 힘을 주십시오.

동료들보다 뛰어나기 위함이 아니라, 인간에게 최대의 적을

제 손으로 쓰러뜨리기 위하여.

더러워지지 않은 손과 곧은 시선을 갖고

당신 앞에 설 수 있기를.

바로 그때, 제 생명이 저녁놀처럼 지상에서 사라져갈 때도,

제 영혼은 당신 곁으로 당당하게 돌아갈 수 있을 겁니다.

이 얼마나 아름다운 기도인가요? 우리가 아는 그 어떤 종교의 '위대한 자'들도 이토록 순수하면서도 아름다운 표현으로 가득 찬 기도를 들어본 적이 없지 않을까요?

그런데 여기서 우리가 알 수 있는 것은 '그레이트 스피리트'라는 것이 신학적 표현으로는 '신God', 철학적 표현으로는 '존재Existence'라고 부르는 개념에 매우 가깝다는 사실입니다. 그것은 이 세상의 모든 것에 두루 존재하며, 구별하지 않고 전부 살리려 하는 힘을 의미합니다. 그리고 이 힘이 구석구석까지 퍼져 있다고 해서 모든 것이 갖고 있는 개체성이 사라져버리는 것이 아니라, 개체성을 유지하면서 그 벽을 뛰어넘어 모든 것에 영향력을 미칩니다.

'그레이트 스피리트'의 형태학

아메리카 선주민은 이 '그레이트 스피리트'의 개념을 여러 가지 이름으로 부릅니다. '오렌다'(이로쿼이족) '마니투'(알공킨 제족) '포쿤트'(쇼쇼니족) '예쿠'(틀링깃족) '스가나'(하이다족) 등등. 그런 명칭에 담겨 있는 생각은 멜라네시아 사람들이 '마나'라고 부르는 개념이나, 고대 일본인이 '다마'(55쪽 옮긴이 주 참조)라고 부른 개념과 거의 같은 것이라고 해도 좋을 겁니다.

예를 하나 들어보겠습니다. 북아메리카 인디언 수우족의 혈족血族인 오글랄라 사람들은 '와칸Wakan'이라는 단어로 스피리트에 관련된 현상을 표현합니다.

와칸이라는 단어는 여러 가지 의미를 갖습니다. 라코타 사람들은 (추상개념을 형성하지 않고) 와칸으로 생각되는 모든 것을 통해 와칸의 본질을 이해합니다. (…) 이 세상에 있는 모든 것이 스피리트를 갖고 있으며, 스피리트는 곧 와칸입니다. 그러므로 나무의 스피리트는 사람의 스피리트와는 다르지만, 둘 다 와칸입니다. 와칸은 와칸의 특성을 가진 존재인 스피리트에서 비롯됩니다. 와칸의 특성을 가진 존재는 인간보다도 위대합니다. 그것은 동물보다 인간이 위대하다는 것과 똑같은 의미입니다. 동물들은 인간이 할 수 없는 많은 것을 해치우지만, 와칸의 특성을 가진 존재의 도움을 받기 위해 기도할 수 있는 것은 인간밖에 없기 때문입니다. (William K. Powers, "Oglala Religion")

와칸 중에서 가장 위대한 와칸을 와칸탕카라고 부릅니다. 위대한 와칸이라는 의미입니다. 와칸탕카는 열여섯 개의 다른 얼굴을 갖고 있다고 하는데, 그 본체는 하나입니다. 다른 어떤 와칸보다도 엄청난 위력을 갖고 있기에('네 배의 위력이 있는 와칸'이라는 표현도 씁니다) 이렇게 부르지만, 와칸의 세계 위에 군림하는 존재는 아닌 것 같습니다.

게다가 중요한 것은 아메리카 선주민의 어느 사회에서도 '그레이트 스피리트'에게서는 인격신의 요소를 전혀 찾아볼 수 없다는 사실입니다. 그것은 두루 존재하며 유동하는 보이지 않는 힘으로서, 절대로 인간의 모습을 하지 않음으로써 품격 있는 특별한 이미지를 풍깁니다.

슈미트 학설을 재고한다

그런데 인류학자들은 이런 사례들을 아메리카대륙이나 아프리카, 멜라네시아, 폴리네시아 등지에서 지속적으로 발견해왔습니다. 이런 사례들을 근거로, 1920년대에 빈의 민족학자 슈미트W. Schmidt 신부는 신 관념의 발달을 둘러싼 진화론적인 학설을 완전히 뒤엎는 다음과 같은 가설을 제시했습니다.

'유일신의 관념은 진화론적인 인류학 이론에서 주장하는 것과는 달리, 애니미즘, 다신교, 샤머니즘 등의 단계를 거치며 점차 진화한 인류의 신 관념의 마지막 단계에 나타난 것이 아니라, 처음부터 인류의 마음에 발생해 있던 것이다. 그 증거로 전세계의 민족신을 둘러싼 오래된 사고 가운데서 '지고신至高神'(지극히 높은 신)에 대한 사고를 발견할 수가 있다. 이 '지고신'은 그 어떤 스피리트보다도 뛰어난 단 하나의 신이므로, 유일신의 원형이라 할 수 있다. 즉 인류의 마음속에 구석기 시대부터 이미 일신교가 싹터 있었던 셈이다. 그러나 이 관념은 너무 수준 높고 생소한 것이었기에 얼마 후에 사람들은 그것에 대해 잊어버렸고, 유대민족이 재발견하기까지 오랜 세월 동안 망각의 창고 속에 갇혀 있었다.'

그야말로 신앙심 깊은 신부님다운 이론이라는 느낌을 주는 부분도 있지만, 저는 이 슈미트 설(제2차 세계대전 이후에는 독일 계통 민족학의 전체적인 몰락과 더불어 거의 주목받지 못한 학설이지만)에는 주목할 만한 매우 중요한 점이 있다고 생각합니다. 그것은 이미 여러분에게 개요를 설명했듯이, 유동적 지성의 발생과 '초월성'에 관한 사

슈미트 신부
(오카 마사오岡正雄 『외국인 기타異人その他』
겐소샤言叢社, 1979)

고를 둘러싼 인지고고학적인 생각 사이에는 서로 공명하는 부분이 있기 때문이죠.

호모 사피엔스 사피엔스로의 비약이 가능했던 것은 뇌 안에 새로운 레벨의 뉴런조직망이 형성되어, 그때까지 영역화되어 있던 지성의 활동 공간을 자유롭게 유동할 수 있는 지성이 움직이기 시작했기 때문이라는 가설을 인정하기로 합시다. 현대의 인지고고학은 이것을 근거로 '비유'를 본질로 하는 현생인류의 언어능력이 형성되는 과정을 설명하려 해왔습니다. 그에 비해서 우리는 그때 동시에 '사고를 초월한 것'에 대한 직감도 발생한다고 생각했습니다.

유동적 지성은 특정 영역에 가두어둘 수가 없습니다. 특정 영역에 유동적 지성이 흘러 들어오면 그 영역 특유의 '색'이나 '형태'가 부여됩니다. 하지만 그 유동적 지성이 칸막이를 넘어 다른 사고영역으로 들어가면, 다른 틀의 작용으로 인해 다른 '색'이나 '형태'를 취하게 됩니다. 그때 두 영역이 중첩되면서 '색'의 혼합과 '형태'의 변형이 일어나, 여기에 '비유'적인 중첩이 이루어진 새로운 이미지가 형성됩니다. 인류가 현재 사용하고 있는 언어는 이 중첩에 의해 가능해진 것입니다.

그러나 어떤 영역에도 속해 있지 않은 유동적 지성 자체에는 본래 '색'도 '형태'도 없으므로, 사고가 거기에 초점을 맞추면 '사고를 초월한 것'의 실재를 직감하게 됩니다. 본래 사고를 가능하게 하는 것은 유동적 지성이지만, 유동적 지성 자체에 초점을 맞추면 '사고를 초월한 것'이 출현하는 셈입니다.

일즉다─即多, 다즉일多即─

이때 두 가지의 '모노'가 '보이게' 됩니다. 하나는 색도 형태도 없는 유동적 지성이 마음의 심층부를 통과해 사고 내부에 나타날 때마다 출현하는 것으로, 사고와 사고가 아닌 것의 '중간적'인 존재, 즉 모든 스피리트들의 존재입니다. 스피리트들의 특징은 많은 수와 다양한 종류입니다. 어찌 되었든 스피리트는 강렬한 유동성을 유지한 채 사고의 틀을 통과하기 때문에, 사고가 확실하게 포착할 수 있는 동일성을 갖고 있지 않습니다. 스피리트는 자력으로 변신하여(metamorphose) 재빨리 이동하는 민첩성을 갖추고 있어, 출현했는가 하면 어느새 사라져버리는 불확실성을 특징으로 합니다.

그리고 그런 스피리트 세계 너머에 또 다른 종류의 '모노'가 '보입니다'. 그것은 유동적 지성의 순수 상태를 나타냅니다. 어떤 사고 영역하고도 접촉하지 않고 마음 밑바닥의 바로 건너편을 유동하고 있는 것처럼 보이는, 지성적인 어떤 것을 의미합니다. 그것은 '색'도 '형태'도 갖고 있지 않으며, 분할되는 법이 없는 연속체입니다. 그러므로 마음 안쪽에 있는 사고는 무척 '단순'하고 '단일'한 것이 강렬한 작용을 하고 있는 것으로 느끼겠지요. 이것이 바로 스피리트 중의 스피리트, 가장 강력한 위력을 가진 스피리트인 '그레이트 스피리트'입니다.

스피리트와 '그레이트 스피리트'는 불교식으로 표현하면 일즉다 다즉일의 관계에 있습니다. 일一이라는 것이 '그레이트 스피리트'에 해당하며, 다多라는 것이 다종다양한 스피리트를 나타냅니다. 본래 그 둘은 동일한 유동적 지성의 서로 다른 두 모습인 셈이므로, '즉卽'에 의해 하나로 연결시킴으로써 비로소 전모가 확실히 드러나는 본질을 갖고 있다고 할 수 있습니다. 불교의 논리는 이런 스피리트 세계의 구조를 표현하는 데 있어서 매우 효과적인 경우가 많습니다. 여기서도 불교의 본질 중 일면을 볼 수 있는데, 그 점에 대한 상세한 설명은 뒤로 미루어두기로 하겠습니다.

대이변이 일어났다

요컨대 슈미트 학설의 절반은 옳다고 할 수 있습니다. 현생인류의 마음이 생겨났을 때 거기에는 이미 스피리트의 세계가 완벽하게 완성되어 있었으며, 그 스피리트 세계 안에는 유일신의 원형인 '단순하고 단일한 존재=그레이트 스피리트'까지도 위엄을 갖추고 모습을 드러내기 시작했으니까요.

그러나 슈미트 학설의 절반은 옳지 않다고 생각합니다. 이 학설은 '그레이트 스피리트'에서 유일신으로 전개되는 도중에 건널 수 없을 정도로 깊은 도랑이 있다는 사실을 간과하고 있기 때문입니다. 게다가 일신교가 성립할 때까지 그런 '지극히 높은 신'의 관념이 잊혀 있었다는 것도 신용할 수 없는 주장입니다. 왜냐하면 다신교 체계 안에는 분명히 존속하고 있었으니까요. 적어도 오스트레일리아 애보리진이나 아메리카 선주민의 사고방식 안에서는 스피리트와 '그레이트 스피리트'는 동일한 스피리트 세계에 동일한 자격으로 동거하고 있습니다. 그러나 일신교의 신은 다종다양한 스피리트들하고는 그 위상이 전혀 다릅니다. '그레이트 스피리트'는 절대로 신이 되려고 하지는 않으니까요.

그러면 도대체 어떤 대이변이 일어나면 '그레이트 스피리트'가 유일신으로 변모할 수 있는 걸까요? 이 문제를 파헤쳐가다 보면, 우리는 정신과 물질이 동일한 운동을 펼치는 신비한 영역의 문을 활짝 열어젖힐 수 있을 겁니다.

Nakazawa Shinichi
Cahier Sauvage Series

IV

자연사自然史로서의 신의 출현

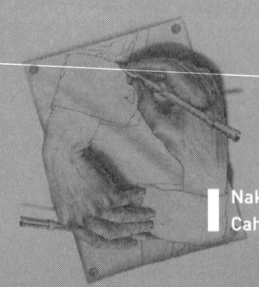

Nakazawa Shinichi
Cahier Sauvage Series

커튼 너머 저편으로

이제까지 우리는 막연히 아는 척하며 '스피리트와 함께 생활하는 세계'에 대해 이야기해온 셈이지만, 사실 그 세계 속에 살아 있는 감각을 완전히 이해하는 것은 거의 불가능에 가까울 정도로 어려운 일입니다. 우리가 사는 세계와 그 세계 사이에는 두꺼운 커튼이 드리워져 있어, 이쪽에 있는 우리가 커튼 너머 저편에서 무슨 일이 일어나는지 짐작할 수 없도록 되어 있습니다. 이쪽과 저쪽은 마치 전혀 다른 성분의 지층이 퍼져 있는 것처럼 보일 정도입니다.

똑같은 지적 능력을 갖고 있을 터임에도 불구하고, 어떤 계기로 인해 인류의 마음(정신)이 만들어지는 방법과 위상에 결정적인 변화가 일어나, 각자의 마음이 포착하는 세계는 제각기 다른 모습이 되어버린 것 같습니다. 그 가운데서도 '초월'의 영역을 마음속 어디에 배치하느냐에 가장 결정적인 차이가 있습니다. 그럼으로 해서 우리가 있는 이쪽 세계에는 스피리트 외에 신이 존재합니다.

또 한 가지 중요한 차이는 스피리트밖에 없는 세계에는 국가가 없지만, 신이 있는 세계에는 국가의 존재가 지대한 영향을 미친다는 데 있습니다. 오늘날에는 '제국帝國'이라는 것까지 또다시 맹위를 떨치고 있어 국가가 없는 세계는 상상조차 하기 힘들어졌지요. 하지만 인류 역사에서는 신도 국가도 없는 상태가 훨씬 길었다는 사실을 잊어서는 안 됩니다.

참으로 묘한 일로, 마음의 토폴로지에 미묘한 변화가 일어났을 뿐인데도, 변화하기 이전에 마음이 포착한 세계는 자취를 감추어버립니다. 지질地質의 성분이 극적으로 변화해, 전혀 다른 지층이 마음 내부에 형성되어, 두 세계 사이에는 커튼이 드리워지게 됩니다. 민속학자 오리쿠치 시노부折口信夫는 그런 커튼 너머에 펼쳐져 있어 쉽게 이해할 수 없는, 스피리트와 함께하는 세계에 대해 탐구하는 학문을 '고대연구'라고 했습니다. 이제 우리는 이 강의를 통해 현대과학의 시점을 도입함으로써, '고대연구'라는 매력적인 학문을 현대에 새로운 모습으로 변신시켜보고자 합니다.

단서는 어디에?

커튼 너머의 세계로 들어가기 위한 단서는 분명히 남아 있습니다. 우리가 이미 봐왔듯이, 오스트레일리아 애보리진이나 아메리카 선주민처럼 최근까지도 국가를 갖지 않은 사회 형태를 유지해온 사람들 속에서는 '초월'의 영역 근처에 수많은 스피리트들이 무리지어 있었습니다. 그중에는 엄청난 위력을 지닌 '무지개 뱀'과 같은 '그레이트 스피리트'도 있었습니다. 하지만 평범한 스피리트들과 '그레이트 스피리트'의 관계는 매우 유동적인 것으로, 스피리트의 세계에 어떤 고정된 계층체계가 있었던 것은 아닙니다.

중요한 것은 스피리트들이 무리지어 있는 바로 그 부근이 '초월'의 영역으로 들어가는 문을 의미한다는 점입니다. 그것은 자연의 다양한 장소에서 발견됩니다. 특징이 있는 바위나 나무, 호수, 강 같은 곳에는 눈에 보이지 않는 스피리트들이 무리지어 있어, 인간과 교류할 기회를 노리고 있습니다. 동물 한 마리 한 마리를 활동하게 하는 것도 스피리트입니다. 인간의 눈에 비친 동물의 모습은 껍데기뿐으로, 사실은 캥거루의 정령이나 에뮤의 정령이 움직이고 있는 셈입니다. 그런 의미에서는 생명이 있는 모든 곳이 '초월'로 통하는 통로라고 할 수 있을지도 모릅니다.

그러나 '초월' 영역으로의 출입구는 인간의 마음속에도 열려있습니다. 뇌의 뉴런 조직 속을 유동해가는 자유로운 순수지성이야말로 그런 '초월'과의 접촉점을 열어줍니다. 그 통로를 확실하게 열기 위해서는 유동적 지성의 활동을 전면으로 부상시킬 필요가 있습니다. 그런 사회의 사람들은 샤먼의 트랜스 기술이나 명상, 환각성 식물의 작용 등을 이용해, 유동적 지성을 가능한 한 순수한 형태로 의식의 전면으로 부상시키고자 노력해왔습니다. 말하자면 '초월'로 하여금 뇌 안에서 빛을 발하게 하거나 소리를 내게 함으로써, 초월과의 직접적인 접촉을 시도했다고 할 수 있을 것입니다.

마음의 내면에도 '초월'로 통하는 출입구는 열려 있으며, 마음 밖에 펼쳐진 자연 곳곳에서도 그것은 발견됩니다. 그 세계에는 특별한 '초월자'라는 것은 존재하지 않은 채 '현실'과 '초월'이 하나로 이어져 있습니다.

기묘한 '초월'

이 얼마나 기묘한 세계인가요? 눈앞에 캥거루 한 마리가 나타났다고 합시다. 나무로 된 창을 손에 든 애보리진은 사냥감으로서의 가능성을 가진 현실의 동물을 뚫어지게 쳐다봅니다. 그는 현실세계에서의 이 동물의 행동양식에 대해 잘 알고 있습니다. 다음 순간 이 동물이 어느 방향으로 달아날지도 경험을 근거로 정확하게 예측할 수 있습니다.

그러나 이 애보리진은 동시에 눈앞에 있는 동물 내부에서 유동하는 에너지체가 활동하는 것도 '바라보고' 있습니다. 그것은 현실의 캥거루라는 동물에게는 '원형原型'에 해당하며, 에너지와 형태 정보가 일체가 되어 움직이는, 스피리트로서의 캥거루인 셈입니다. 이 캥거루=에너지체는 주위의 자연하고도 동일한 유동체의 레벨에서 수많은 실로 연결되어 있습니다. 미끄러지듯 흐르는 에너지의 바다 속에 캥거루=스피리트의 덩어리가 떠 있는 것과도 같습니다.

여기서는 '현실'과 '드림 타임'이 같은 장소에서 동시에 활동하고 있습니다. 현실 속 캥거루의 눈은 지그시 이쪽을 바라보고 있지만, 드림 타임의 시공에서 활동하는 에너지체로서의 캥거루는 에너지 연속체에 발생한 강도의 고조에 의해 긴장을 전달합니다. 그 모습을 동시에 '볼' 수 있는 사냥꾼이 아니라면, 자신이 하는 행동의 의미를 잘 이해하는 제대로 된 사냥꾼이라고는 할 수 없습니다.

이니시에이션을 통해 비밀의 지식을 부족의 어른에게서 전수받은 이 애보리진은 똑같은 현상이 자신의 체내에서 그 순간 진행중이라는 사실도 정확히 인식합니다. 그의 '내부시각'은 유동해가는 에너지로서의 마음의 움직임을, 시신경다발 내부의 가상공간에 있는 스크린에 비친 아름다운 패턴들의 운동으로서 '바라봅니다'. 그렇게 해서 '내부시각'에 의해 펼쳐진 이런 레벨을 사이에 두고 인간의 마음 내부에서 유동하는 에너지는 외부세계를 유동해가는 드림 타임 레벨의 에너지와 수많은 가느다란 실로 연결되어 있습니다.

애보리진이 그린 회화를 보면, 그들이 실제로 세계를 이런 식으로 인식하려 했다는 것을 잘 알 수가 있습니다. 그들의 세계인식에 대해서는 불교도도 아마 깜짝 놀랄 겁니다. 불교에서는 '색즉시공色卽是空 공즉시색空卽是色'의 의식을 유지한 채 이 세계를 인식할 것을 요구합니다. '색'은 우리의 '물기를 머금은 눈'이 포착하는 현실을 가리키고, '공'은 내부의 '지혜의 눈'으로만 포착이 가능한, 유동하는 순수지성을 의미합니다. 불교도는 현실과 순수지성의 활동을 하나로 중첩시키며 세계를 인식해야 하는 셈이지요. 그에 비해서 '현실 즉 드림 타임'의 인식법을 가르치는 애보리진의 지혜가 훨씬 더 자연스럽고 당당하게 느껴지지 않나요?

수만 년에 걸쳐 축적된 애보리진의 지혜와 2000여 년의 역사를 가진 불교의 지혜 사이에는 우리가 아직 잘 모르는 통로가 있는 것 같습니다. 그 통로는 인류의 미래에까지 뻗어 있으며, 우리가 막연히 예감하고 있는 '앞으로 도래할 지혜'의 형태가 그 통로 끝에서 나타날 것 같다는 생각이 듭니다. 하지만 이 문제에 대한 탐구는 이 시리즈의 제5권(『대칭성인류학』)에서 취급하도록 하겠습니다.

'뫼비우스의 띠'에 의한 세계 인식

이런 '스피리트와 함께하는' 세계에 대한 체험을 고도자본주의사회를 살아가는 우리가 제대로 이해하는 것은 도저히 불가능합니다. 그런 경우에는 지적인 모델을 사용해서 이해를 돕는 것이 좋은 방법이라고 레비 스트로스도 말합니다. 인식을 하는 인간과, 그 인간을 둘러싼 자연, 그 모든 것이 연속하는 에너지의 유동체로서 인식되는 세계 체험을 하나의 모델로 이해하려 할 때 가장 좋은 방법이 있습니다. 바로 '뫼비우스의 띠'라고 불리는 토폴로지의 도형을 사용하는 것입니다.

이 도형에 대해서는 여러분도 들은 적이 있을 겁니다. 폭이 좁고 긴 종이를 한 번 꼬아서 양 끝을 풀로 붙입니다. 그렇게만 하면 인간의 공간인식에 있어서 가장 중요한 도형인 '뫼비우스의 띠'가 완성됩니다. 이 도형에는 단순한 듯하면서 매우 심오한 세계가 숨어 있습니다.

가장 중요한 것은 '뫼비우스의 띠'에는 안과 밖의 구별이 없다는 점입니다. 한 면 위에 개미 한 마리를 올려놓고 중심선을 따라 빠른 걸음으로 걸어가게 한다고 가정합시다. 표면 위를 걷던 개미가 어느새 이면으로 나와버리는 것을 볼 수가 있습니다. 다시 표면으로 나오기 위해서는 그대로 계속 걸을 수밖에 없습니다.

이 '안과 밖의 구별이 없는' 도형은 참으로 많은 것을 이야기해 줍니다. 예를 들어 여기에 폭이 좁고 긴 종이 한 장을 갖고 와서, 앞면은 '산 자의 세계'를 나타내고 뒷면은 '죽은 자의 세계'를 나타낸다

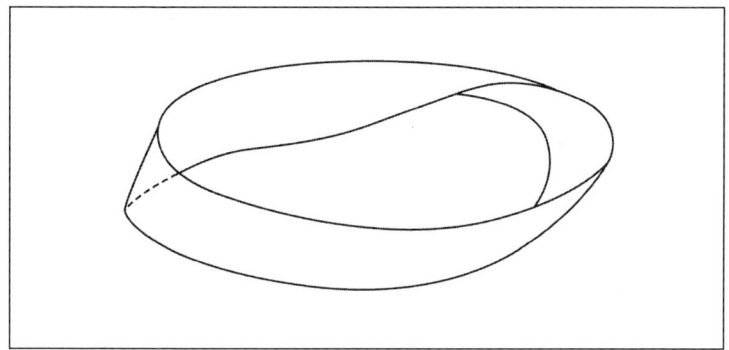

뫼비우스의 띠

고 합시다. 종이 앞면에 구멍이라도 뚫지 않는 한 앞면에서 뒷면으로 이동할 수 없는 이 종이의 상태는 바로 우리의 '상식'이 포착하는 세계인식을 나타냅니다. 우리는 보통 살아 있을 때는 죽음의 세계에 대해 모르며, 죽은 사람이 살아 있는 사람의 세계로 자유롭게 왕래할 수 없다고 믿고 있습니다. 산 자의 세계와 죽은 자의 세계는 종이의 앞면과 뒷면처럼 확실하게 구분되어 있어, 두 세계를 연속시키는 것은 불가능하다는 것이 오늘날의 '상식'이 취하는 입장입니다.

그런데 이제까지 우리가 연구해온 '스피리트와 함께하는 고대'에서는 그런 구별이 존재하지 않았습니다. 산 자의 세계와 죽은 자의 세계는 하나로 연결되어 있는 것으로 여겨졌기 때문이죠. 좀 더 정확히 말하면, 그들의 세계에는 우리가 생각하는 것과는 달리 산 자의 세계와 죽은 자들의 세계가 분리되어 있지 않았습니다. '고대인'의 '상식'에 의하면 이런 식이었습니다. 즉 삶과 죽음의 근원에 삶도 죽음도 아닌 에너지의 연속체가 있으며, 거기에는 수많은 스피리트가 살고 있어, 지나가는 여성의 태내로 뛰어들어서는 새로운 생명이 되어 현실세계에 나타납니다. 그 세계에서 잠시 체험을 쌓은 후에 죽음이라고 불리는 사건을 통과해서, 또다시 생사를 초월한 연속체로 돌아간다는 식이지요.

삶과 죽음의 현실에 대한 이러한 이해방식을 하나의 모델로 파악하려 할 때, '뫼비우스의 띠' 보다 더 적합한 도형은 없습니다. 물론 이 도형만으로는 삶과 죽음의 구별을 초월해 존재하고 유동하는 배후의 것을 직접적으로 표현할 수 없습니다(언어 이외에 그런 것을 표현할 수 있는 수단이 과연 있을까요!). 하지만 이 도형은 보이지 않는 유동체를 통해 산 자의 세계와 죽은 자의 세계가 연속해 있는 모습을 멋지게 표현할 수가 있습니다.

'현실' 과 '드림 타임' 이 같은 공간에서 일어난다는 것도, 조금 어설프기는 하지만 '뫼비우스의 띠' 로 표현해볼 수가 있습니다. 드림 타임 속의 캥거루는 일곱 빛깔의 스펙터클을 발산하며 유동하는 부드러운 형태소이지만, 의식의 저低에너지 상태를 나타내는 현실세계를 바라보는 눈에는 분명하게 확정된 모습의 캥거루가 보입니다. 즉 '현실의 캥거루' 와 '드림 타임의 캥거루' 를 하나의 연속체로서 받아들이는 것이 수렵민에게는 일종의 '상식' 이었습니다. 그러므로 그런 세계인식을 모델화하면 '뫼비우스의 띠' 가 되는 겁니다.

망자의 세계를 에워싸는 환상취락環狀聚落

국가를 갖지 않은 사회, 신이 존재하지 않고 스피리트만으로 이루어진 '초월세계'를 가진 사회, 수렵이나 채집을 중심으로 조직된 사회—이런 사회에 사는 인간이 세계를 체험하는 구조를 '뫼비우스의 띠'를 모델로 해서 생각해보면, 이제까지 수수께끼로 남아 있던 많은 문제를 해결할 새로운 단서를 발견할 수 있습니다. 여기서는 그런 문제 가운데 환상취락의 구조를 둘러싼 수수께끼를 다루어보기로 하겠습니다.

일본열도에서 조몬 문화가 가장 번성했던 '조몬 중기'의 유적을 발굴해보면, 사람들의 주거지가 한가운데의 광장을 중심으로 그 주위에 배치되어 일종의 고리 모양을 이루고 있는 경우가 매우 많다는 사실에 강한 인상을 받습니다. 그러나 더 놀라운 사실이 있습니다. 한가운데에 있는 광장은 집회나 제사의식을 위한 장소로 사용되었을 것으로 추측되는데, 그 광장의 지면 밑에는 망자의 시체가 매장되어 있다는 사실이지요.

말하자면 '조몬의 사상'에 대한 표현이 절정을 맞이한 이 시기의 취락에서는 산 자의 주거지가 죽은 자를 위한 묘지를 한가운데에 두고 감싸안는 듯한 형태로 형성되었으며, 그곳에서의 일상생활은 항상 죽음의 입회 하에 영위되었다고 생각할 수 있는 셈이지요. 이런 취락 구조가 내포하는 사상적인 문제는 아직 충분히 밝혀지지는 않았습니다.

비슷한 구조를 가진 취락의 예는 지구상의 상당히 방대한 지역

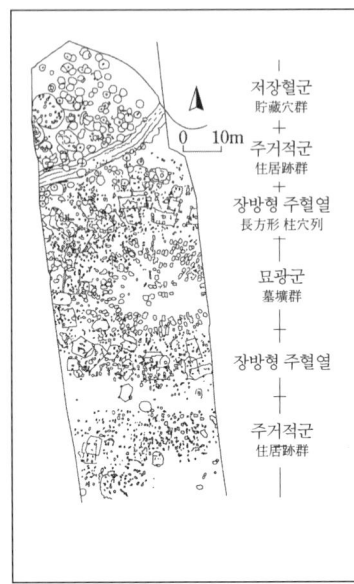

저장혈군
貯藏穴群
+
주거적군
住居跡群
+
장방형 주혈열
長方形 柱穴列
|
묘광군
墓壙群
+
장방형 주혈열
|
주거적군
住居跡群

0 10m

①

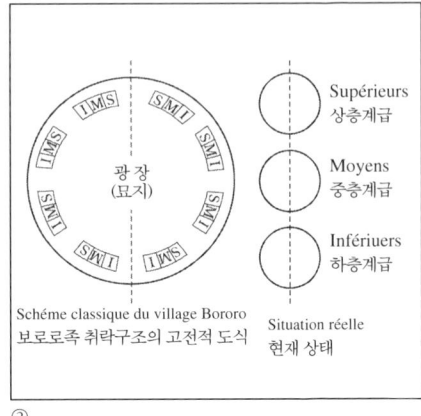

광장
(묘지)

Schéme classique du village Bororo
보로로족 취락구조의 고전적 도식

Supérieurs
상층계급

Moyens
중층계급

Inériuers
하층계급

Situation réelle
현재 상태

②

B

참마의
저장고

무도장

매장장埋葬場

수장首長의 거처

N

C

A

③

*장방형 주혈열: 장방형으로 늘어서 있는 나무기둥을
세웠던 흔적―옮긴이

세 유형의 환상취락
① 조몬 시대의 환상취락 (도가시 야스토키富樫泰時 「조몬 취락의 변천=동북繩文集落の變遷=東北」
『계간 고고학季刊考古學』 44)
② 보로로족의 환상취락 (레비 스트로스 『슬픈 열대』)
③ 트로브리안드 섬의 환상취락 (레비 스트로스 『구조인류학』)

에서 확인되었습니다. 아마존강 유역에 사는 보로로족의 마을이 망자를 매장한 광장을 중심에 둔 환상취락의 구조를 취하고 있다는 사실은 오래 전부터 주목받아왔습니다. 또한 인류학자 말리노프스키 Malinowski의 조사로 유명한 트로브리안드 제도諸島의 마을 역시 망자의 세계를 중심에 둔 채 감싸안는 듯한 구조로 이루어져 있습니다. 이런 것을 봐도 조몬 중기 환상취락의 예는 신석기 시대 사람들의 정신구조의 중요한 일면을 보여주는, 보편성을 띤 현상이라는 것을 알 수가 있습니다.

이런 마을 구조가 형성된 이유를 레비 스트로스는 '이원론 dualisme'의 논리로 설명하려 합니다(『구조인류학Anthropologie Structurale』). 중심과 주변, 남성과 여성, 신성과 세속 등의 대립을 동심원적인 공간구조로 배치하려고 하면 이런 환상취락이 완성된다는 겁니다. 그러나 산 자의 가옥을 둥근 고리 모양으로 배치한 공간 한가운데에 망자가 사는 세계(또는 망자가 사는 세계로의 입구)를 둔 조몬 중기 사람들의 마음에 작동한 것은, 단순히 그것만은 아니지 않을까 하는 것이 제 추측입니다.

조몬 토기에 묘사된 '뫼비우스의 띠'의 사고

그것을 설명하기 위해서는 다음과 같은 조몬 토기를 보여드리는 것이 좋을 것 같습니다. 이 토기는 전형적인 환상취락이 발견된 유적에서 출토된 것으로, 이 시기 최고 걸작의 하나일지도 모른다는 생각이

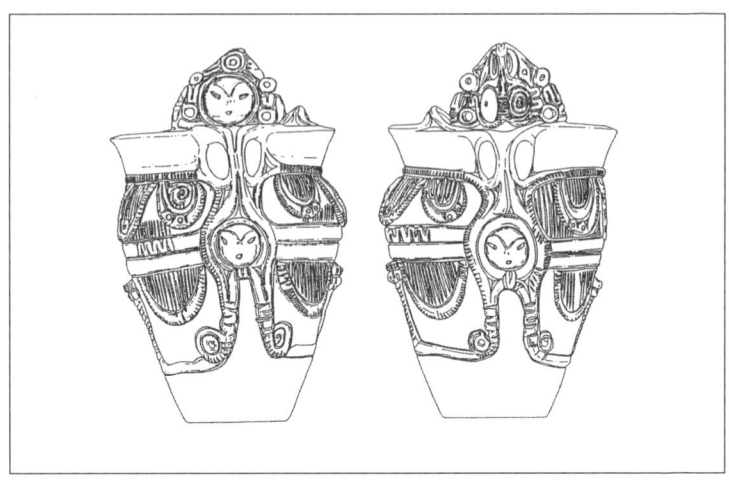

사람 얼굴 장식이 있는 항아리 (스다마초 고쇼마에須玉町御所前)
(고바야시 기미아키小林公明「신석기 시대 중기의 민속과 문화」『후지켄초사富士見町史』
후지켄초 교육위원회)

들 정도로 멋진 토기입니다.

　이 토기에 그려져 있는 것은 개구리의 등이라고 합니다. 개구리 등이 벌어져 있고, 그 사이로 신생아의 얼굴이 나와 있습니다. 많은 신화에서 개구리는 죽음의 영역과 가까운 곳을 거처로 삼는, 양의적 兩義的인 수중동물로 나옵니다. 달 표면에 찰싹 달라붙어 '달무리'를 이루는 것이 개구리라고도 하며, 입에서 물을 내뿜어 소중한 불을 꺼 버리는 것도 개구리입니다. 이 토기에는 죽음의 영역의 동물인 개구리 등에서 신생아가 태어나는 순간이 묘사되어 있습니다. '이원론' 적인 사고에서는 삶과 죽음은 대립하는 항으로서 대치하고 있지만, 이 토기에 실현되어 있는 사고에서는 삶과 죽음은 마치 '뫼비우스의 띠처럼' (혹은 삼차원적으로 '클라인의 병〈한 개의 원통의 끝을 서로 같은 방향으로 향하도록 해서 접착했을 경우 만들어지는 형태로, 뫼비우스의 띠처럼 안팎의 구별이 불가능함—옮긴이〉처럼'이라고 해도 좋을듯합니다) 하나로 연결되어 있습니다. 눈에는 보이지 않는 삶과 죽음이 아직 하나를 이루고 있는 영역에서 에너지가 솟아나와, 새 생명 하나를 탄생시키려 하고 있습니다. 그 에너지가 현실세계와 접촉하는 순간, 삶과 죽음이 하나였던 상태에서 삶과 죽음이 분리된 세계로의 변화가 일어납니다. 그때 새 생명이 죽음의 영역을 상징하는 동물의 등을 가르고 출현하는 셈입니다.

이런 '뫼비우스의 띠' 식의 사고법을 환상취락의 구조에서도 발견할 수가 있습니다. 이번에는 토기의 경우와는 정반대의 현상이 일어납니다. 여기서는 산 자가 사는 공간의 '등을 가름'으로써 망자의 세계로 통하는 통로가 열리니까요. 망자가 매장되어 있는 광장 위에서는 아마도 춤을 추거나 제사의식이 치러졌을 것으로 추정됩니다. '뫼비우스의 띠'가 꼬여 안과 밖이 뒤바뀌는 바로 그 지점에서, 인간이 '초월'과 접촉하기 위한 행위가 이루어지는 겁니다. 바로 그곳에서 인간은 스피리트와 일체가 될 수 있다고 믿었던 거겠지요.

이렇게 보면 조몬 중기 문화의 특징을 이루는 이런 환상취락의 구조는 '스피리트와 함께하는 고대' 특유의 고차원적인 사고가 낳은 것이며, 그것을 모델화해보면 '뫼비우스의 띠'가 된다는 제 생각이 그렇게 터무니없다고만은 할 수 없지 않을까요? 거기서는 삶과 죽음이 하나로 이어져 있는 것으로 되어 있습니다. 그리고 이 사고법에서는 삶과 죽음이라는 현실 저편에 어떤 유동적인 실체가 존재한다는 것을 직감합니다. 어쩌면 불교에 많은 영향을 준 인도인의 윤회사

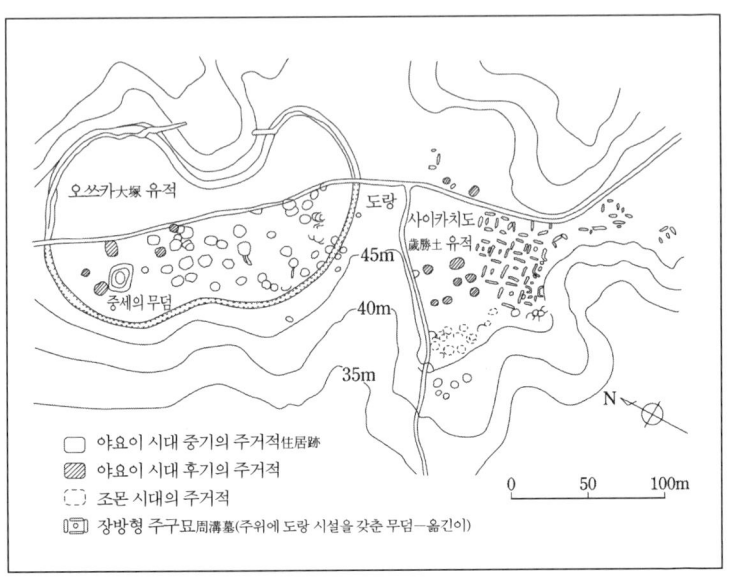

야요이 시대 취락에서 주거지와 묘지가 분리된 예(오쓰카 유적과 사이카치도 유적) (앞의 책)

상 같은 것도 이런 '뫼비우스의 띠' 식의 신석기적 사고가 남긴 흔적이 아닐까요?

야요이彌生의 취락에서 변화가 일어나다

그런데 조몬 시대 후기나 말기에 이르면서, 아무래도 그런 스피리트적인 사고는 세력을 잃어갔던 것 같습니다. 묘지가 취락 중앙의 광장에서 외곽으로 옮겨지고, 산 자의 세계와 죽은 자의 세계가 점차 분리되기 시작하는 것이 느껴지기 때문입니다. 예를 들어 산나이마루

야마三內丸山(아오모리青森현에 위치한 유적—옮긴이)의 거대한 조몬 유적이 그렇지요. 그곳에는 묘지가 취락과 외부세계를 연결하는 도로 양편에 배치되어 있습니다.

그러다가 일본 서부지방을 중심으로 형성된 야요이彌生(기원전 3세기부터 기원 3세기에 걸친 금석병용의 농경문화 시대—옮긴이)의 취락에서는 그런 변화가 좀더 두드러집니다. 죽은 자를 매장한 묘지가 마을에서 떨어진 산기슭 같은 곳에 만들어져, 산 자와 죽은 자의 세계는 공간적으로도 명확하게 분리됩니다. 그곳에 살았던 사람들의 세계 체험은 현대의 우리와 별로 다를 바 없는 것으로 변한 것 같습니다. 그 사람들도 조몬 시대 사람들이 포착한 것과 같은 스피리트로 가득 찬 세계는 더 이상 체험할 수도 이해할 수도 없게 되었을 겁니다. 죽은 자의 세계는 산 자의 세계에서 멀리 떨어진 별도의 공간으로 인식되었던 겁니다. 더 이상 세계는 '뫼비우스의 띠'의 모델로서 받아들여지지 않았다는 의미입니다.

스피리트와 더불어 사는 '고대' 사람들의 마음을 이루고 있던 '뫼비우스의 띠'에 결정적인 변화가 일어났습니다. 무슨 일이 일어났는지는 분명합니다. '뫼비우스의 띠'에 절단면이 생긴 것입니다.

'뫼비우스의 띠'의 절단

'뫼비우스의 띠'의 중심선을 따라 가위로 잘라나가면, 고리가 둘로 분리되는 것이 아니라 하나로 이어진 커다란 고리가 생기는 재미있

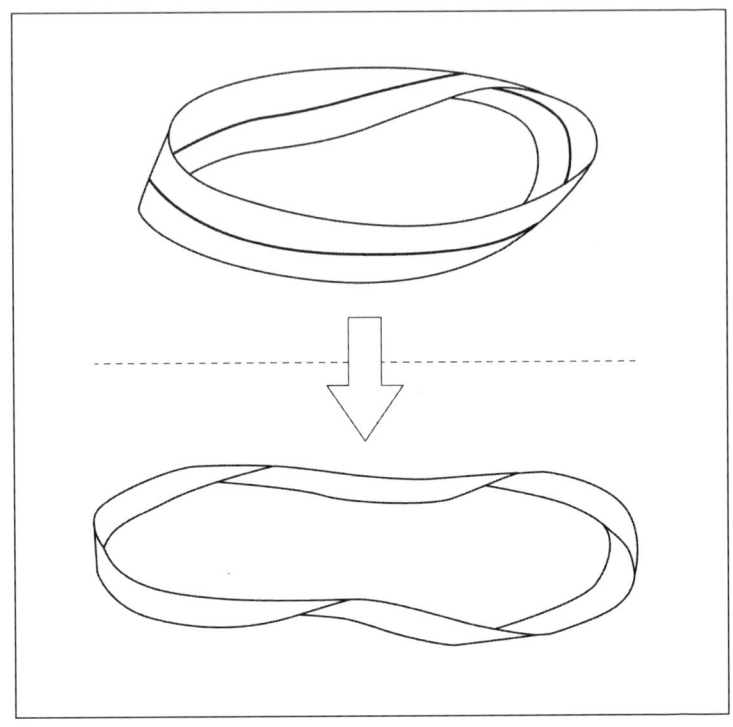

뫼비우스의 띠를 중심선을 따라 둘로 자르면 커다란 고리(안과 밖의 구분이 있는)가 생긴다

는 현상이 일어납니다. 그런데 이 고리에는 안팎의 구별이 있습니다. 자르기 전까지는 밖에서 안으로의 이동이 무척 쉬웠지만, 반으로 절단된 다음에는 더 이상 밖에서 안으로 가는 것도, 안에서 밖으로 건너가는 것도 불가능해집니다.

스피리트 차원의 사고 내부에 그런 식의 고리의 분리가 일어났다면, 그 순간 세계를 체험하고 인식하는 방법에 대변화가 일어납니다. 조금 전까지 주위에 바글거리던 스피리트들의 모습이 갑자기 보이지 않게 됩니다. 스피리트 세계는 사람들이 사는 세계에서 멀리 떨어진 숲이나 산속으로 물러나버립니다.

내부와 외부 사이에는 웬만해서는 뛰어넘을 수 없는 칸막이가 생겨, 사람들은 모든 것을 '이분법적'으로 처리하게 됩니다. 그러면서 아무나 쉽게 '볼 수 있었던' 스피리트의 세계는 사람들의 의식의 표면에서 자취를 감추고, 대신 그곳에 '신'들의 세계가 등장합니다.

신의 두 유형

이때 스피리트 세계에 도대체 무슨 일이 일어났는지 사건의 진상을 파악하기 위해서, 여기서는 관점을 조금 바꿔, 그런 엄청난 변화 이후에 출현한 신의 특성부터 생각해보기로 하겠습니다.

슈미트 신부의 저서 『신 관념의 기원*The Origin of the Idea of God*』이 발표된 이후, 인류가 탄생시킨 신 관념을 비교하거나 분석하는 연구가 전세계적으로 진행되었습니다. 그중에서도 슈미트의 제자에 해당하는 코퍼스Wilhelm Koppers의 연구는 매우 명확하며, 상당한 보편성까지 갖추고 있습니다. 슈미트=코퍼스 설에서 발전한 다양한 사고의 공통점은 인류의 신 관념을 크게 두 유형으로 나눌 수 있다는 주장에 있습니다.

하나는 '지고신至高神High God' 형型이라고 불리는 것입니다. 이 신은 '지극히 높은 곳'에 있는 신으로 믿어졌습니다. 또한 계층구조를 갖고 있는 '천天' 관념과 연관되어 있는 경우도 많아 '천공신天

空神'으로 불리기도 합니다. 이 신에 대해 생각할 때는 수직축이 머리에 떠오릅니다. 지고신이 높은 천상계에 있다고 믿어질 때는, 그리고 인간이 그 신을 부르며 기도를 올릴 때는, 인간의 마음은 '지극히 높은 곳'을 향해 신이 그곳에서 내려와줄 것을 기원합니다. 그러면 이런 유형의 신이 산 위나 근사한 수목의 나뭇가지 끝에 강림해줄 거라고 믿었던 거지요.

다른 한 유형은 '내방신來訪神' 형型으로 부를 수 있는 것입니다. '지고신' 형의 신에 대해 사고할 때는 수직축의 이미지가 필요했지만, '내방신' 형의 신의 경우는 바다 건너 세상이나 지하계의 망자의 세계에서 산 자의 세계를 방문하기 위해 수평축의 이미지를 필요로 합니다. 이런 유형의 신은 강림하는 것이 아니라 먼 길을 떠났다가 돌아오는 형태를 취하는 경우가 많으며, 출현하는 장소도 동굴이나 숲속처럼 어두운 곳으로 설정되어 있습니다.

두 유형의 신의 차이를 표로 정리해보겠습니다.

지고신형	내방신형
지극히 높은 곳, 천공天空 수직축의 사고 높은 곳에서 강하 관념의 단순함, 표상성表象性의 부재 순수한 빛	해상타계海上他界, 지하명계地下冥界 수평축의 사고 먼 곳에서 내방 풍부한 표상성 물질성

슈미트=코퍼스 설에서는 인류가 생각해낸 모든 신은 이 두 유형 중 어느 하나에 속한다는 대담한 주장을 했습니다. 그들의 주장대로 오늘날까지 알려진 어떤 신 관념이든 이 두 유형 중 어느 하나에 속하거나 혹은 두 유형의 혼합으로 이루어져 있으며, 제3의 유형은 발견된 적이 없습니다. 그런 점에서 그들이 주장한 신 관념의 유형설은 설득력이 있다고 할 수 있습니다.

스피리트 세계의 분화

그런데 신에는 왜 이 두 유형밖에 없는 걸까요? 그 이유는 이 두 유형의 신이 본래는 스피리트 세계에 내재해 있던 두 가지의 특징이 분화되어 표면으로 나타난 결과이기 때문이죠.

지고신과 내방신을 스피리트 세계의 구성원리와 꼼꼼히 비교해보기로 합시다. 그러면 스피리트 세계에서 '그레이트 스피리트'로 불리는 존재가 갖는 특징 대부분이 그대로 지고신의 특징임을 알 수가 있습니다. 아메리카 선주민들은 '지극히 높은 곳'에 존재하며 고도의 윤리성과 미美를 갖춘 그레이트 스피리트를 향해 기도했습니다. 그레이트 스피리트란 매우 순수한 관념으로, 어떤 이미지하고도 연결시킬 수 없으며 어떤 상像으로 표현할 수도 없습니다. 모든 존재를 관통해서 흐르고, 모든 존재에 적당한 거처를 제공하며, 동물이나 식물이나 인간과 같은 생물에게도, 그리고 바위와 같은 비생물에게도 똑같이 존재의 숨결을 불어넣는, 그런 순수한 관념이었습니다.

오스트레일리아 애보리진의 유명한 '무지개 뱀'에 관한 사고에
도 이런 지고신으로서의 특징이 뚜렷이 나타나 있습니다. 이 뱀은 평
소에는 하늘이 아니라 물이 항상 고여 있는 연못 바닥에 삽니다. 간
혹 '수평축'을 따라 먼 길을 떠나는 경우도 있지만, 가장 중요한 움
직임은 '수직축'을 따라 이루어집니다. 금기를 범한 자가 가까이 있
거나 우기가 다가오면, 이 뱀은 연못 바닥에서 거대한 모습을 드러
내, 하늘을 향해 목을 높이 쳐듭니다. 그러면 뱀의 온몸에서 발산되
는 에너지는 무지개가 되어 하늘과 땅을 이어줍니다. 그리고 무지개
뱀은 인간들이 전통적인 규칙을 지키고 윤리의식이 투철한 생활을
계속할 것을 요구합니다. 이미지라는 것은 극한에 이를수록 강렬해
지는 특성을 갖고 있습니다. 그러나 무지개의 스펙터클은 한 발 더
앞으로 다가가면 눈부신 백광 속으로 녹아들어 가는, 거의 극한에 가
까운 상태를 나타냅니다. 그것은 곧 순수한 에너지체의 극한에 이르
기 직전의 상태를 이미지로 표현하는 셈입니다. 이와 같이 무지개 뱀
도 지고신의 특징을 거의 그대로 보유하고 있습니다.

한편 평범한 스피리트들의 생활상은 내방신과 깊은 관련이 있
음을 암시합니다. 내방신은 죽은 자가 사는 세계에서 도래합니다. 그
곳은 또한 미래에 탄생할 생명이 저장되어 있는 장소이기도 합니다.
공간적으로 무척 '머나먼 곳'으로 불린다는 점만 다를 뿐, 그 외에는
모든 것이 스피리트가 사는 세계와 똑같습니다. 보통 스피리트는 숲
속이나 동굴을 거처로 삼는다고들 하는데, 내방신은 숲이나 동굴을
'통로'로 해서 머나먼 타계他界에서 인간세계로 출현합니다.

스피리트에는 이미지의 물질성이 무척 풍부합니다. 본래의 출

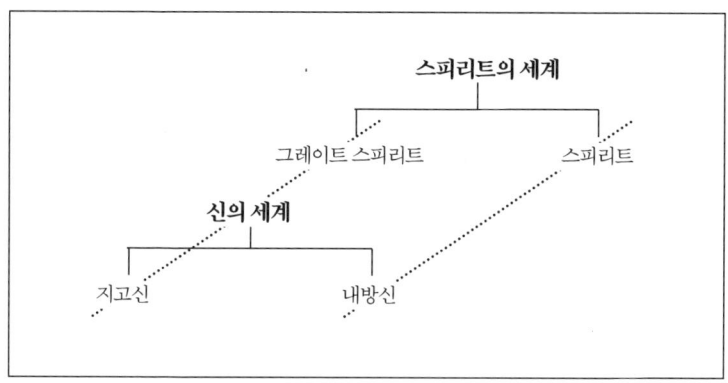

현 장소는 인간의 뇌 안에 있으며, '내부시각'이 바라본 추상적인 도형의 운동과 더불어 인간의 사고에 접촉을 시도하고, 상상계의 이미지로서 조형될 때는 요괴의 모습으로 묘사됩니다. 내방신의 경우도 그와 똑같습니다. 초현실주의에서도 새파랗고 자유분방한 이미지로 조형된 가면을 이용해 이 신을 표현합니다.

이렇게 해서 스피리트의 세계와 신의 세계는 위의 도표와 같은 관계가 있다고 생각해볼 수가 있습니다.

자발적 대칭성 깨짐

다음 도표(122쪽)는 물리학에서 말하는 '자발적 대칭성 깨짐Spontaneous Symmetry Breaking' (1964년에 영국의 이론물리학자 피터 힉스Peter Higgs가 주장한 이론—옮긴이) 현상이 스피리트 세계에 일어나, 그로 인해서 신의 세계가 출현했다는 것을 보여줍니다. 스피리트

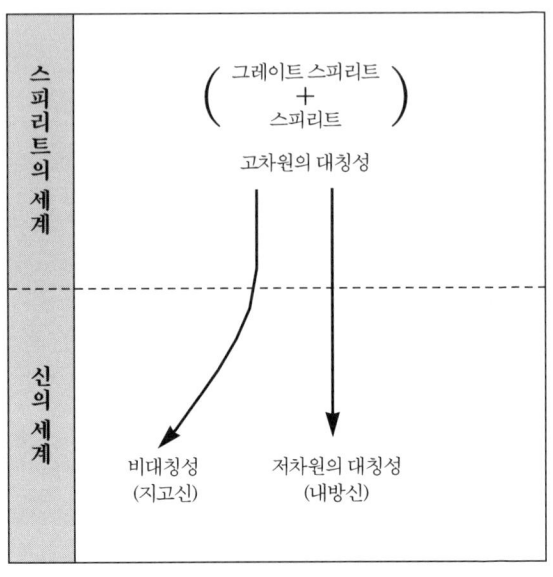

세계에는 차원 높은 대칭성이 실현되어 있었습니다. '대칭성이 높다'라는 의미는, 에너지의 유동체인 스피리트 세계 내부에서 스피리트나 그레이트 스피리트가 자유로운 방향으로 운동이 가능하고, 자유자재로 변형(변용變容, 변태變態)이 일어나, 고정이 불가능한 상태를 말합니다. 실제로 다종다양한 스피리트들은 변신을 특기로 갖고 있어, 그 위치나 성질이 수시로 뒤바뀝니다.

그런 스피리트의 세계에 어떤 '압력'이 가해질 때, 그래서 고차원의 대칭성 상태를 유지할 수 없게 되었을 때, 신의 관념이 분리됩니다. 즉 비대칭성을 특징으로 하는 지고신의 관념, 그리고 저차원의 대칭성을 유지하고 있는 내방신의 관념, 이렇게 두 관념으로 나뉘지요. 지고신은 분명히 비대칭성을 특징으로 하고 있습니다. 왜냐하면

지고신은 인간이 거주하는 장소에서 멀리 떨어진 '지극히 높은 곳'으로 분리되어, 변화를 일으키기 힘든 순수한 빛으로서 그곳에 계속 머무른 채 인간세계의 질서를 유지하려 하기 때문이죠.

반면에 가면의 신으로서 출현하는 경우가 많은 내방신에게는 스피리트 세계와 똑같은 정도는 아니지만, 아직 대칭성이 어느 정도 유지되어 있습니다. 산 자와 죽은 자의 세계는 이미 분리되었지만, 이 신을 통해 산 자는 죽은 자의 세계와 직접적인 접촉을 시도합니다 (이에 대한 상세한 설명은 다음 장으로 미루겠습니다). 산 자의 세계에 '초월'한 타계에 대한 관념이 등장하면서, 두 영역 사이에 내방신을 매개로 한 통로가 만들어지는 셈입니다.

대칭성이 깨짐으로써 세계가 창조되다

스피리트 세계의 고차원의 대칭성이 내부로부터 깨져, 그것이 저차원의 대칭성을 가진 신의 세계로 변모하고, 그러면서 대칭성이 유지된 세계 밖으로 비대칭성을 특징으로 하는 다른 신(지고신)이 튀어나오는, 이런 과정이 발생한 것으로 이해해봅시다. 그러면 스피리트 세계의 해체를 거쳐 단 두 가지 유형만의 신의 세계가 출현하게 된 이유를 비로소 확실히 이해할 수 있습니다.

변모 후 마음의 세계에는 지고신+내방신=신으로서 만들어지는 신들의 신전神殿과, 정체불명의 수많은 스피리트들이 남게 됩니다. 대칭성이 깨짐으로 해서 저차원의 대칭성 속으로 이동할 수 없었던

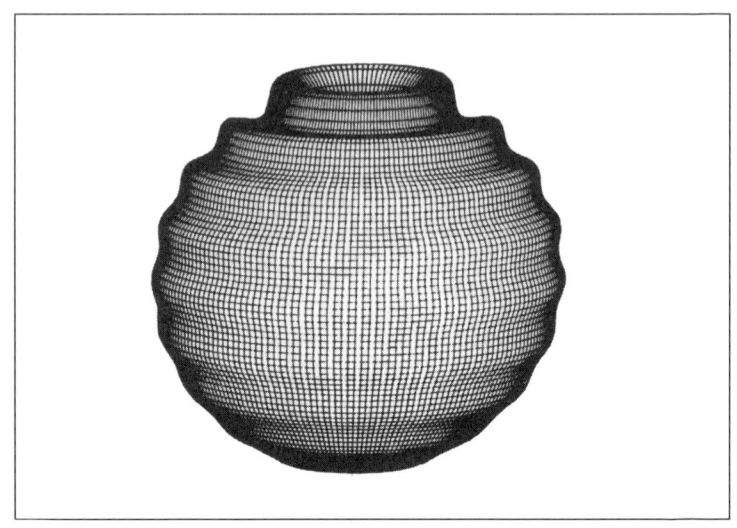

구쨔의 자발적 대칭성 깨짐 (Ian Stewart · Martin Golubitsky, *Fearful Symmetry*)

스피리트들은, 자신의 본모습을 아는 사람도 없는 상태에서 정체불명의 요괴나 도깨비 취급을 받으며, 새로운 신의 질서 속에 살아남게 됩니다.

최근 들어 물리학계에서는 물질세계에서도 똑같은 현상이 일어난다는 것을 자세히 밝혀냈습니다. 고차원의 대칭성이 저차원의 대칭성으로 변화할 때 일어나는 현상에 대해서는, 소립자 레벨을 비롯해 우주의 구조에 이르기까지 다양한 레벨에서 연구가 진행되고 있습니다.

여기서는 간단한 예를 들어 '자발적 대칭성 깨짐' 현상을 설명해보기로 하겠습니다. 완전한 구쨔를 예로 들어보겠습니다. 구쨔라는 것은 회전을 시켜도, 거울로 비추어봐도 구별이 불가능합니다. 따라서 구에는 완전한 대칭성이 실현되어 있다고 할 수 있습니다. 이 구의 중심축을 따라 위아래로 강한 압력을 가해봅시다. 처음에는 아무런 변화도 일어나지 않습니다. 그래도 개의치 않고 계속 압력을 가합니다. 그러면 어떤 시점에서 급격하고 엄청난 변화가 일어납니다.

구가 좌굴挫屈(기술공학용어로, 기둥의 길이가 그 횡단면의 치수에 비해 클 때, 기둥의 양단에 압축하중이 가해져 하중이 어느 크기에 이르면 기둥이 갑자기 휘는 현상—옮긴이)을 일으키는 겁니다. 전체가 흐물흐물 무너져 내리기 시작하다가 곧바로 변화는 진정됩니다. 무너져 내린 부분은 일정한 방향으로 분자가 늘어선 띠 모양으로 변해 주위를 빙 둘러싸게 됩니다.

이렇게 해서 구가 갖고 있던 완전한 대칭성은 깨져 더 이상 찾아볼 수 없게 됩니다. 그 대신에 훨씬 제한적인 저차원의 대칭성만을 갖고 있는 새로운 패턴이 나타납니다. '자발적 대칭성 깨짐' 현상은 물질의 다양한 레벨에서 발생합니다. 특히 소립자 레벨에서 일어나는 그것은 특별히 '힉스 메커니즘Higgs Mechanism'으로 불리며 많은 연구가 이루어지고 있는데, 흥미로운 것은 그 경우에는 대칭성의 깨짐 현상과 동시에 질량이 발생하는 현상이 관찰된다는 점입니다.

심적 에너지 영역에서 일어나는 '자발적 대칭성 깨짐'에서도 그와 매우 유사한 현상이 발생한다는 것을 눈치 채셨나요? 스피리트 세계를 형성하고 있던 고차원의 대칭성이 깨져, 스피리트의 일부가 내방신형의 저차원의 대칭성만을 가진 신으로 변화함과 거의 동시에, 스피리트 세계 내부로부터 비대칭성을 가진 지고신형의 신이 기세 좋게 밖으로 튀어나오는 겁니다.

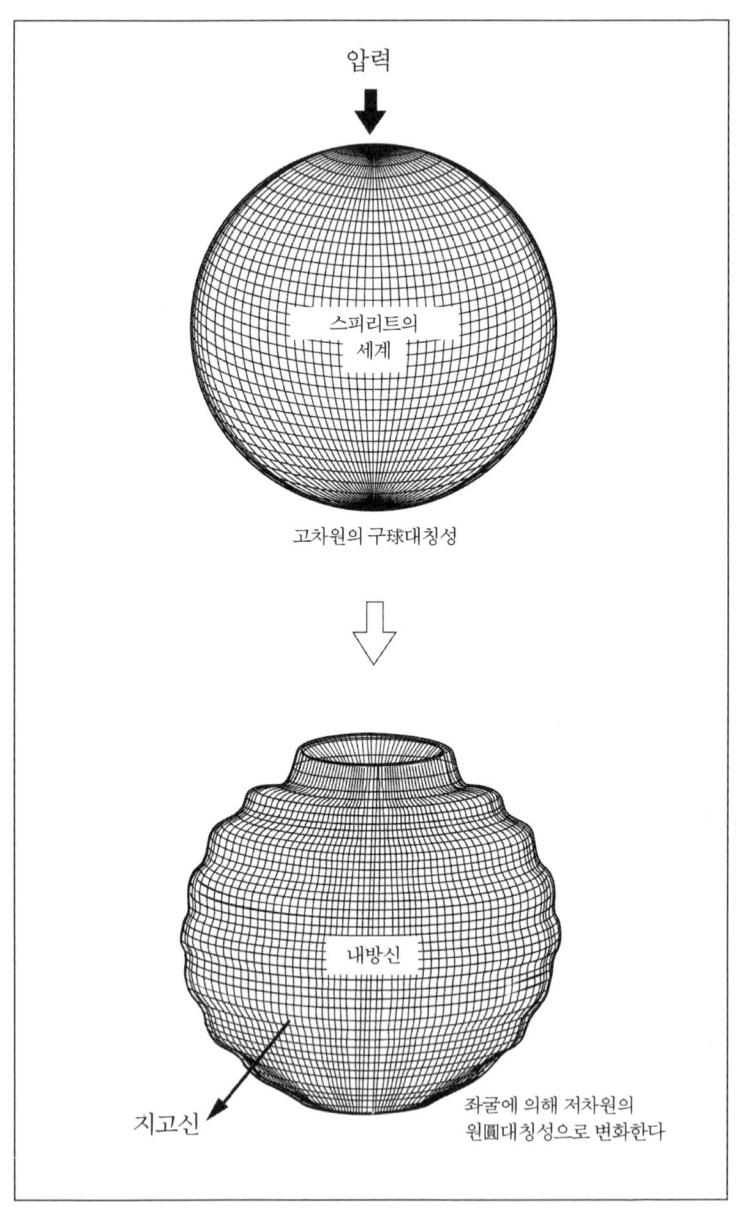

압력

스피리트의 세계

고차원의 구球대칭성

내방신

지고신

좌굴에 의해 저차원의
원圓대칭성으로 변화한다

대칭성의 깨짐에 의한 변화. 스피리트 세계에서 다신교 우주로의 변화 모델

신과 왕

구를 찌그러뜨리려면 외부로부터 오는 강한 압력이 필요합니다. 그렇다면 이때 스피리트 세계에는 도대체 어떤 '압력'이 외부에서 가해진 걸까요? 이것은 매우 중요한 문제이므로 여기서 간단히 대답할 수는 없습니다. 그러나 '카이에 소바주' 제2권 『곰에서 왕으로』를 읽은 사람이라면, 스피리트 세계에 일어난 것과 매우 유사한 구조에 의해 왕과 국가가 발생했다는 것을 이미 알아차렸을지도 모릅니다.

국가가 없는 사회에서는 모든 '권력Power'의 원천은 자연에 있는 것으로 간주되었습니다. 문화는 인간의 마음 안에서 만들어지는 것입니다. 그곳에서 인간다운 행위나 사고의 기준이 갖추어집니다. 그러나 인간의 마음 안에는 아무리 찾아도 권력의 원천이 존재하지 않습니다. 그것은 가공할 힘을 가진 스피리트들이 존재하는 영역, 즉 마음 밖에 있는 자연 깊숙이 숨겨져 있는 것으로 생각되었습니다. 그 원천에 접근할 수 있는 것은 샤먼이나 전사戰士처럼 특별한 능력과 기량을 가진 사람들뿐이었습니다. 이런 사람들은 위험한 힘과 접촉한다는 점 때문에, 대개는 사회의 중심부에서 소외당했습니다.

샤먼이나 전사의 능력을 가진 인물이 사회 중심부로 진출해서, 자신이 권력의 원천과 접촉하는 '주권자=왕'이라는 주장을 시작했을 때, 인류사회에는 근본적인 변화가 일어났습니다. 그 순간 자연은 더 이상 권력의 비밀의 원천임을 포기해야만 합니다. 권력의 원천은 주권자인 왕과 함께 사회 내부로 들어옴으로써, 스피리트들의 왕국이었던 자연은 그 후 점차로 단순히 개발이나 착취를 위한 '대상

문화(규칙의 체계)		자연(권력의 원천)
수장	샤먼, 전사戰士	스피리트 세계 (그레이트 스피리트+스피리트)
왕 (수장+샤먼+전사)		물物로서의 자연
신 (권력의 원천)		소小스피리트 그룹

Object'의 위치로 전락해버립니다.

이때 마음(정신)의 토폴로지에 일어난 대이변에 가까운 변화는 스피리트 세계에 일어난 '자발적 대칭성 깨짐'에 의한 신의 출현 과정에서 일어난 변화와 유형이 똑같습니다.

왕의 발생과 신의 출현은 아무래도 서로 깊은 관련이 있는 것 같습니다. 두 과정은 마음의 토폴로지에 일어나는 같은 유형의 변화에 의해 발생한 듯합니다. 자연과 인간 사이에 대칭성을 유지하고자 했던 사회로부터 왕과 국가가 발생하고, 그와 마찬가지로 스피리트 세계 내부로부터는 신이 출현하는 셈입니다.

모든 것은 자연사自然史로서

모든 것의 발생 과정이 자연사의 과정과 거의 유사하다는 사실이 놀랍지 않은가요? 물질과정과는 가장 거리가 먼 것처럼 느껴지는 신 관념의 출현을 이해하는 데 있어서, 자연이 현재와 같은 질서에 도달 하는 데 결정적인 역할을 한 것으로 추측되는 '자발적 대칭성 깨짐' 현상이 이 정도로 효과적인 역할을 하는 이유는 무엇일까요?

그 이유는 스피리트 세계의 성립을 생각하면서, '초월'의 영역과 관련 있는 모든 것이 마음의 과정과 물질의 과정 사이의 경계에서 일 어난다는 데 있는 듯합니다. 이 영역에서 발생한 '힘Power, Force'이 마음의 내부 시스템으로 들어올 때, '초월'을 둘러싼 종교적 사고가 활동을 시작합니다. 또한 그곳은 왕과 국가의 성립 이후에는 정치적 사고의 무대가 되기도 합니다. 그것은 곧 '힘 또는 권력'에 관련된 문 제에는 물질적material인 과정이 결정적인 중요성을 갖는다는 것을 의 미하기도 합니다.

그런 의미에서 국가나 경제 시스템의 전개만이 아니라 종교와 같은 관념의 시스템에 대해서도, 이것을 '자연사의 과정으로서' 연 구해야 한다며 그 중요성을 역설한 마르크스와 엥겔스의 사상은 이 영역에서 여전히 유효하다고 할 수 있습니다. 스피리트나 영혼에 관 련된 문제를 볼 때 '유물론Materialism'의 시점을 상실해서는 안 됩 니다. 양자론과 같은 물질과학이 물질의 영역에서 발견해온 것과, 신 에 관한 문제와 같은 마음의 영역의 문제는, 현생인류의 뇌에 끊임없 이 '스피리트적인 것'이 발생하는 장소에서 반드시 하나로 연결되 어 있습니다. 그것을 탐구하는 과학을 우리는 금세기에 서둘러 만들 어내야만 할 겁니다.

V

신들의 기본구조(1)—뫼비우스 봉합형

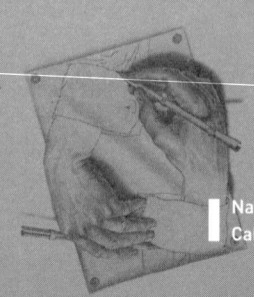

Nakazawa Shinichi
Cahier Sauvage Series

다신교 우주의 형성

고차원의 대칭성을 갖춘 스피리트 세계가 안팎에서 압력을 받아 '찌그러지면=좌굴하면', 스피리트는 더 이상 그 모습 그대로는 인간들 앞에 나타나지 않게 됩니다.

그렇다고 스피리트가 어디론가 사라져버렸나 하면, 그런 것은 아닙니다. 스피리트는 보다 저차원의 대칭성으로 모습을 바꿔 살아남아, 새로 형성된 신들의 세계에서 중요한 일원이 됩니다. 그것이 내방신이나 수평신水平神, 반신半神demi-god 등으로 불리는 매혹적인 신들로, 이 신들이 갖고 있는 성질에는 그들의 모태에 해당하는 스피리트의 특성이 많이 남아 있습니다. 그리고 나중에 자세히 검토하겠지만, 거기에는 대칭성의 원리가 다양한 형태로 살아 있습니다.

또한 스피리트 세계에 처음부터 내재해 있던 비대칭성으로 향하려는 경향은 신석기 시대적인 요소를 남겨둔 사회에서 그레이트 스피리트로서 사람들 마음속에 계속 존재해왔습니다. 그러다가 그것은 대칭성이라는 인력引力을 떨쳐버리고 지고신이 되어 스피리트의 세계 밖으로 단숨에 뛰쳐나갔습니다.

스피리트 세계는 '안팎으로 압력을 받아 찌그러졌다' 라고 했는데, 그 압력이 내부에서 발생한 것인지, 외부의 '세속적' 인 압력에 의한 것인지는 간단히 결론을 내릴 수 없는 문제입니다. 신 관념의 발달을 진화론적으로 생각하고자 하는 사람들은 지고신의 어떤 요소가 스피리트 세계를 내부에서 물어뜯고 밖으로 뛰쳐나갔다가, 결국은 다신교 우주마저 부정하고 유일신God으로서 자립했다고 생각

다신교 우주 = 지고신 + 내방신 + 잔여 스피리트

고차원의 대칭성 $\rightarrow$ 비대칭성 + 저차원의 대칭성 + α
(스피리트) (분해)

할 겁니다. 반면 사회적 요인을 중시하고자 하는 사람들은 왕이나 국가, 계급사회의 발생과 같은 외적 요인으로부터의 압력을 강조하려 하겠지요.

제 생각으로는 어느 쪽이나 부분적으로는 옳다고 할 수 있을 것 같습니다. 호모 사피엔스 사피엔스의 뇌는 언어나 '초월성'에 대한 직감을 탄생시킬 수 있는 구조였기 때문에, 그 뇌로부터 스피리트 세계와 그 속에 있는 그레이트 스피리트적인 요소를 탄생시켰던 겁니다. 또한 바로 그 구조에는 국가를 발생시키는 운동이 시작될 가능성도 내재되어 있습니다.

뇌에 잠재한, 국가를 이루고자 하는 욕구는 대칭성 사회의 절묘한 균형 전략에 의해 현실화되지 않도록 철저하게 억제되었습니다. 스피리트 세계의 균형은 그렇게 왕도 국가도 없는 대칭성 사회에서나 유지될 수 있는 것으로, 일단 균형이 깨지기 시작하면 더 이상 막을 도리가 없어집니다. 그렇게 생각하면 그레이트 스피리트에서 지고신으로의 비약을 촉진한 원리와, 대칭성 사회를 '찌그러뜨려' 국가가 형성될 때 뇌 안에서 활동을 시작한 원리는 동일한 것이라고 할 수 있을 겁니다. 따라서 압력은 '안팎에서 가해졌다' 라고 하는 모호한 답변이 가장 적절하다고 생각합니다.

기본구조가 존재할 것이다

이렇게 해서 스피리트 세계가 '찌그러져', 뇌의 동일한 장소에 다신교의 우주가 형성됩니다. 이 우주는 다음과 같은 세 가지 요소로 이루어져 있습니다(134쪽 도표 참조).

여기서 '잔여殘餘 스피리트' 라고 불리는 것은 내방신의 이미지를 중심으로 형성되는 저차원의 대칭성 속으로도 들어가지 못한(들어가지 않은) 스피리트들을 의미합니다. 이들은 신들의 표상이 점차 확실한 형태를 갖추자, 정체불명의 '요괴' 로 취급받게 됩니다. 무척 개성적인 존재인 이런 유형의 스피리트에 대해 수많은 종류가 보고되었습니다.

또한 오랜 세월에 걸쳐 서서히 발달한 스피리트 세계 속에서 원형이 형성된 다양한 의식이나 수행법 등도 기본구조를 거의 바꾸지 않은 채 그대로 남아 있는 경우가 많은 것 같습니다. 특히 '이니시에이션' 으로서 발달한 의식의 뼈대는 그대로 다신교 우주 안에서 종교적인 수행체계로서 계승됩니다.

그런데 중요한 것은 나중에 유일신 발생의 모체가 된 이 지고신이 다신교 우주를 지배하지 않는다는 데 있습니다. 지고신에게 나타나는 비대칭성의 원리는 내방신에게 나타나는 대칭성의 원리와 대등한 것으로서 다신교 우주 안에 공존하고 있습니다. 신들이 만드는 신전에서 지고신이 중심적인 위치를 차지하고 있는 것처럼 보이는 경우에도, 이 신들의 우주는 대칭성의 요소를 갖고 있는 주위의 신들과 일체가 되어야만 비로소 움직임을 시작할 수 있습니다. 이것이 일신교의 경우와 가장 다른 점일 겁니다.

어찌 되었든 스피리트 세계 내부로부터 신들의 우주가 형성되는 과정은 마치 수학처럼 정확하며, 놀라우리만큼 일관된 원칙을 따릅니다.

여기서 주목할 만한 결론을 도출해낼 수가 있습니다. 즉 친족체계의 경우와 마찬가지로, 다신교 신들의 우주에도 기본구조라는 것이 존재하지 않을까 하는 것입니다. 레비 스트로스는 『친족의 기본구조Les Structures élémentaires de la Parenté』에서, '논리적으로 생각할 때' 원초적인 친족체계는 '일반교환체계Generalized Ex-change'와 '한정교환체계Restricted Exchange' 라는 두 원리로 이루어져 있으며, 문명사회에서 흔히 관찰되는 좀 더 복잡한 체계는 이 두 원리의 조합이나 변형으로 이루어져 있다고 설명한 바 있습니다.

신들의 세계에 대해서도 마찬가지로 설명할 수 있을 듯합니다. 신들의 세계가 스피리트 세계를 토대로 해서 탄생했다고 한다면, 다시 말해 현생인류의 뇌를 무대로 해서 '(우리가 사용하는 의미에서의) 유물론적으로' 형성되었다는 걸 인정한다면, '논리적으로 생각할 때' 거기에는 두 종류의 기본구조가 있을 거라고 저는 생각합니다. 두 종류의 기본구조란 이제까지 몇 차례나 거론한 '지고신=수직신형型'과 '내방신=수평신형型'을 의미합니다. 저는 슈미트 신부가 제시한 이 개념을 심화시켜, '토러스형'과 '뫼비우스 봉합형'이라는 두 기본구조로 압축해갈 생각입니다.

남도南島로

이런 다신교적인 신들의 우주의 기본구조는 일본의 남서제도諸島(아마미奄美나 오키나와沖縄에 있는 섬들을 의미)에 매우 뚜렷한 형태로 남아 있습니다. 그곳에는 지고신이 존재하는가 하면 내방신도 출현하고, 수목을 거처로 삼는 자그마한 스피리트들도 존재합니다. 지금도 그곳은 스피리트 세계가 '자발적 대칭성 깨짐' 현상을 일으켜, 그로 인해 다신교 우주가 탄생한 것이 마치 바로 어제의 일이라도 되는 양 생생한 모습으로 우리를 맞아줍니다.

　일본열도 본토에서는 다신교 우주는 아마미나 오키나와의 경우와는 달리 직접적인 형태를 취하고 있지 않습니다. 지고신의 요소는 뚜렷이 나타나 있지만, 내방신의 요소는 분명한 형태로 나타나 있지 않기 때문이죠(이 문제는 나중에 좀 더 자세히 다룰 예정입니다). 야나기타 구니오와 오리쿠치 시노부 두 사람은 1920년대에 연달아서 아마미 제도와 오키나와 본도本島, 사키시마先島 제도로 건너가, 그곳에서 만난 내방신의 모습에 깊은 충격을 받았습니다. 그 일을 계기로 이후 일본의 종교사에 대한 두 사람의 사고에 일대 변화가 일어납니다.

실제로 일본 남도의 신들은 그곳의 작열하는 태양처럼 뚜렷한 형태로 우리 앞에 출현합니다. 거기에는 '상주신常住神'과 '내방신來訪神'이라는 전혀 다른 두 유형의 신이 있어, 상대방의 부족한 부분을 서로 보완하며 풍요로운 다신교 우주를 형성하고 있습니다. 남도 신들의 세계를 이런 식으로 빈 학파의 시점에서 상세히 연구한 요셉 크라이너Josef Kreiner와 스미야 가즈히코住谷一彦 두 사람의 저서 『남서제도의 신 관념南西諸島の神觀念』(미라이샤未來社, 1977년)을 참고하며, 다신교의 풍요로운 우주 속으로 들어가보기로 합시다.

우타키御嶽의 신

오키나와에 가면 어느 마을에나 '우타키'라는 숲이 있습니다. 무척 고요한 숲입니다. 열대성 식물이 양쪽에 우거져 있는 어둑어둑한 좁은 길을 따라 숲속 깊숙한 곳에 이르면 아늑하고 밝은 공간이 펼쳐집니다. 밝은 자궁이라고나 할까요? 어떤 부드러운 영적인 막에 의해 현실세계로부터 격리된 공간 내부에 둘러싸여 있는 듯한 인상을 받습니다.

일본열도 본토의 신사神社와는 달리, 거기에는 건물이라고는 전혀 없습니다. 산호석이 바닥에 깔려 있고 간단한 향로 비슷한 것이 놓여 있을 뿐입니다. 여기서 여성 사제司祭 '노로祝女'들이 '우타키의 신'과의 교신을 시도합니다. 같은 유형의 신은 남도 곳곳에 있습니다. 이름은 각기 달라도 여러 가지 특성에 있어 놀라울 정도의 공

통점을 갖고 있습니다.

그런 '우타키의 신'에 대해 섬에 사는 사람들은 다음과 같은 생각을 갖고 있습니다.

(1) '우타키의 신'은 일년 내내 그곳에 상주하는 신이다.

(2) 그 덕분에 마을 사람들은 별 어려움 없이 생활을 계속할 수가 있다. 만일 이 신이 잠시라도 모습을 감추게 되면, 인간의 사회생활은 한순간도 지속될 수 없다. '우타키의 신'은 이 세상의 질서를 유지시켜준다. 이런 유형의 신이 없는 세계는 존재하지 않으므로, 어디로부턴가 도래한다는 '내방형來訪型'의 사고는 탄생할 여지가 없다.

(3) 확실한 것은 이야기된 적이 없지만, 여하튼 '우타키의 신'은 '지극히 높은 곳'에 존재하는 '수직형垂直型'의 신이다.

(4) 그 신은 어떤 형상을 갖고 있지 않다. 구체적인 형상이 없다는 점이 특징인 셈이다. '노로'들에게 "당신이 모시고 있는 신은 어떤 모습을 하고 있나요?"라고 질문해도, 웃으며 아무 대답도 하지 않는 경우가 대부분이다. 설령 대답을 하더라도 '눈부신 빛과 같은'이라는 식으로 구체적인 이미지가 결여된 추상적인 대답밖에 들을 수 없다. 그것은 '노로'들이 신비로운 척하기 때문이 아니라, 이 신에게는 본래 표현 가능한 이미지성이 없기 때문이다. 감각적으로는 무척 간소하고 간결한데, 이 점에서는 일본열도 본토의 신토神道의 신과도 공통성을 갖고 있다.

황홀한 비대칭성

'우타키의 신'이 '지고신' 유형의 신이라는 점에 대해서는 의심의 여지가 없습니다. 이 신에 관한 표현 곳곳에서 '비대칭성'이라는 표현이 눈에 띕니다. 우선 '이 세상'과 '저 세상'의 대칭성이 깨졌습니다. 이 신이 문제로 삼는 것은 어디까지나 '이 세상'의 질서입니다. 왜냐하면 "세상은 하나이며, 오로지 이 마을뿐으로, 이 마을 이외의 다른 세상에 대해서는 전혀 생각할 필요가 없"기 때문이죠. 덕분에 스피리트 세계에 존재했던 것과 같은, '이 세상'과 '저 세상'이 뫼비우스의 띠처럼 이어져 있는 대칭성은 완전히 상실되고, '우타키의 신'과 '이 세상'만으로 모든 것이 순조롭게 움직입니다.

뿐만 아니라 '우타키의 신'에게 제사를 지내는 사람들이 전부 여성이라는 점도 이 신의 비대칭성을 강조하고 있습니다. 남성은 이 신의 제사에 전혀 관여할 수 없도록 정해져 있습니다. 여성과 신이 이런 배타적인 관계를 맺고 있는 셈이므로, 거기에는 당연히 성적인 환상이 발생할 수밖에 없습니다. 예를 들어 기카이지마喜界島에는 이런 전설이 있습니다.

베만 짜며 지내고 집 밖으로 나간 적이 없는 여자가 느닷없이 임신했다는 소문이 떠돈다. 태어난 아이는 남자아이로, 밖으로 놀러 나가면 아비 없는 자식이라고 친구들의 놀림을 받는다. 남자아이가 일곱 살 때 베를 짜고 있는 어머니에게 아버지에 대해 묻자, "네 아버지는 하늘에 계시는 하느님"이라는 말을 듣는다. 그 남자아이는 문간에 나무줄기를 꽂아놓고 불을 지핀 다음, "하느님이시여, 저를 구해주시려거든 쇠줄을, 구하지 않으시려거든 새끼줄을 내려주세요"라고 기도한다. 쇠줄이 소리를 내며 내려온다. 아이는 그 쇠줄을 타고 하늘로 올라간다. 하늘의 파수병 역할을 하는 신이 가장 높은 신에게 인간 아이가 올라왔다고 보고한다. 신이 여기는 인간 아이가 올라오는 장소가 아니니 서른세 길 깊이의 강에 처넣으라고 명령한다. 그 명령에 따라 강에 처넣으려고 강가를 이리저리 돌아다니며 시도하지만 번번이 실패하고 만다. 그 다음에는 미친 듯이 날뛰는 말에게 물리거나 차이도록 놔두었으나, 그 아이 곁에 가면 날뛰던 말도 얌전해진다. 검은 연기를 피워 연기에 휩싸이도록 했으나, 그 아이가 지나가는 곳은 안개가 걷히듯 밝아진다. 하느님은 마침내 자신의 아이라는 걸 인정한다. 아이는 하늘에 있고 싶다고 말하지만, 하느님은 인간을 도와야 하니 인간세계로 돌아가 초여름의 작물을 사람들로부터 제물로 받아 살아가라고 말한다. 그러기 위해 책으로 아이를 가르친 뒤 인간세계로 내려 보낸다. 내려오는 도중 아이가 그만 그 책을 떨어뜨린다. 소가 그 책을 삼켜버려 아이는 제사를 지낸다. 그러자 소가 뱉어낸다. (야마시타 긴이치山下欣一 『아마미 설화 연구奄美說話の硏究』 호세대학출판국法政大學出版局, 1979년)

이 경우에도 그 환상은 크리스트교의 신과 수녀 사이에 발생하는 영적인 성관계와 매우 유사해, 신의 영성靈性의 일방적인 하강이라는 측면이 강한 것처럼 느껴집니다.

이렇게 볼 때 남서제도의 '우타키의 신'을 둘러싼 사고는 매우 수준 높은 사고에 근거하고 있음을 알 수가 있습니다.

내방신의 발견

야나기타 구니오나 오리쿠치 시노부도 여성들에 의한 우타키 신앙을 보며, 매우 순수한 형태로 표현된 신토神道의 원형처럼 보이는 것을 발견하고 깊은 감동을 받습니다. 하지만 그 이상으로 그들을 놀라게 한 것은 '우타키의 신'과는 전혀 다른 성질을 가진 다종다양한

'내방신'들의 모습이었습니다.

평소에는 신을 모셔두는 성스러운 장소에 없다가, 일년 중 특별한 날을 골라 먼 곳으로부터 인간세계를 방문하는 신들이 있습니다. 이 신들은 '우타키의 신'과는 확실하게 구별됩니다. '우타키의 신'은 이미지로 표현이 불가능합니다. 그런데 이 '내방하는 신'들은 초현실주의자가 좋아할 법한 기괴한 이미지의 가면을 쓰고, 전신을 종려나무와 같은 식물의 잎으로 뒤덮고 나타납니다. 게다가 돌풍처럼 달려가버리기도 하고, 신비한 분위기를 풍기며 몸을 살짝 떨기도 합니다. 게다가 음악성도 풍부합니다.

몇 가지 예를 소개하겠습니다. 야쿠시마屋久島와 아마미오시마奄美大島 사이에 있는 도카라吐噶喇 열도의 아쿠세키지마惡石島에서 7월 보름에 지내는 제사에는 '포쉐'라고 불리는 이상한 가면을 쓴 신이 등장합니다. 손에 마라봉棒이라는 몽둥이를 들고서 격렬한 움직임으로 춤을 추며 그 몽둥이로 여성을 때리려고 합니다. 여성들은 비명을 지르며 도망치는 시늉을 하지만, 몽둥이로 맞는 걸 즐기는 것처럼 보이기도 합니다. 그 몽둥이에는 생명을 증식시키는 힘이 감추어져 있다고 믿어졌기에, 두려움과 기쁨이 뒤섞인 묘한 반응을 보이는 겁니다.

다음은 야에야마八重山 제도의 '아카마타·구로마타'라는 가면신입니다. 이 신은 남성만으로 구성된 '아카마타·구로마타 집단'의 엄중한 관리 아래, 마을 외곽에 있는 나빈두라고 하는 으스스한 분위기의 동굴에서 출현하는 것으로 알려져 있지만, 실제로는 숲속으로부터 섬뜩한 소리와 함께 몸을 떨며 나타납니다. 이 신의 신비

세 종류의 내방신
① 아카마타 · 구로마타 (요셉 크라이너 · 스미야 가즈히코 『남서제도의 신 관념』 미라이샤未來社)
② 포쉐 (위의 책)
③ 판투 (히가 야스오比嘉康雄 『내방하는 귀신―신들의 고층 4 來訪する鬼―神々の古層 4』 니라이샤ニライ社)

로운 분위기를 지키기 위한 노력은 각별합니다. 지금도 장소에 따라서는 사진 촬영을 엄격히 금지하고 있는 곳도 있습니다.

이 신도 손에 몽둥이를 들고 있는데, 이것도 '포쉐'의 마라봉과 마찬가지로 남근男根 형태를 하고 있습니다. 그런데 이 몽둥이에 몸이 닿으면 일년 이내에 죽는다고 합니다. 다른 지역의 예를 보더라도, 가면을 쓴 내방신이 들고 있는 남근 형태의 몽둥이에는 아무래도 죽음과 증식에 대한 사념이 공존하는 것 같으며, 그것은 곧 이 신들의 본질을 표현하는 것이기도 합니다.

세 번째는 미야코지마宮古島의 '판투'입니다. 전신을 빈랑檳榔나무 잎으로 덮고, 무시무시한 분위기의 가면을 쓰고 있는 점은 다른 곳의 '내방신'과 같습니다. 그런데 이 신은 등장하기 전에 마을 사람들이 일년 걸려 만든 냄새나는 지저분한 연못에 일부러 몸을 담가, 이파리에 질퍽한 진흙을 잔뜩 묻힌 채로 사람들 앞에 나타나는 점이 특이합니다. 진흙투성이의 몸으로 집안으로 들어가 춤까지 추고 가지요. 특히 신혼부부의 집 같은 곳에서는 무슨 의도에선지 방바닥에서 데굴데굴 구르기까지 합니다. 진흙괴물 판투. 마치 울트라맨과도 같은 세계입니다. 거기에는 '내방신'의 본질 중 하나가 잘 표현되어 있다고 할 수 있습니다.

내방신의 특징

이런 여러 형태의 '내방신'에 대해서 요셉 크라이너와 스미야 가즈히코는 다음과 같이 표현하기도 했습니다.

이런 가면행사에 나타나 있는 타계관他界觀의 특징은 이 세상과 저 세상의 명확한 구별이 존재한다는 데 있다. 신의 방문, 즉 신이 가면을 쓰거나 가장을 하고 사람들 앞에 나타나기 위해서는 이 세상과 저 세상은 전혀 다른 것이어야 하며, 오로지 신만이 일정한 시기를 정해 이 세상에 도래하는 것이다. 이것이 곧 오리쿠치 시노부가 말하는 마레비토(드물게 오는 사람이란 뜻에서 유래한, 손님을 의미하는 고어로 오리쿠치 시노부 민속학의 중요한 용어. 바다 저편의 타계로부터 일정한 시기를 정해 촌락공동체를 찾아와 사람들을 축복하는 영적 존재를 의미함—옮긴이)다. (요셉 크라이너 · 스미야 가즈히코, 앞의 책)

이 점에서도 '이 세상'의 일에만 관심을 갖는 '우타키의 신'과 선명한 대조를 이룹니다. '우타키의 신'과의 비교를 염두에 두며 '내방신'의 특징을 열거해보겠습니다.

(1) 항상 있는 것은 아니다. 일년 중 특별한 날에만 출현한다. 출현하는 날은 죽은 자의 영혼이 무리를 지어 산 자의 세계를 방문하는 것으로 알려져 있는 날과 중복되는 경우가 많다.
(2) 이 신은 질서를 만드는 신은 아니다. 모든 것의 순환이나 반복의 고리를 끊고, 증식성이나 풍요성과 같이 질서나 규칙으로부터는 발생할 수 없는 것을 탄생시키는 힘을 불어넣는다. 크리스트교

신학에 빗대어 말하면, 이런 유형의 신은 은총이나 기적과 동일한 구조를 보인다.

(3) 머나먼 바다 저편의 니라이 카나이(니라스크라고 하는 곳도 있다)나, 죽은 자의 영혼이 사는 지하의 명계冥界에서 도래하는 신이다. 그러나 그것은 단지 상상일 뿐, 실제로는 동굴이나 숲속의 좁은 길을 거쳐 인간세계에 나타난다. '잘록한 부분'을 빠져나와 출현한다는 이미지가 강하다.

(4) 풍부한 이미지를 갖고 있다는 점에서, 전혀 이미지를 갖고 있지 않은 '우타키의 신'과 대조적이다. 기괴한 이미지를 선호하는 것으로 보아 '내방신'은 인간의 상상계에 살고 있는 듯하다. 또한 '판투'의 예에서도 알 수 있듯이, 더러움이나 죽음의 이미지에 관련된 요소를 갖추려는 경향이 있다. 이런 것은 일본열도 본토의 신사에 있는 신과 마찬가지로 '우타키의 신'이 가장 싫어하는 점이다.

(5) 이 신이 출현함으로써 '이 세상'과 '저 세상' 사이를 연결하는 통로가 완성된다. 그럼으로써 우선 '이 세상'과는 성격이 전혀 다른 '저 세상'의 존재가 강렬하게 의식되어, 두 세계가 확실히 분리된다. 그렇게 '내방신'의 출현은 분리된 것을 다시 연결해, 상실한 대칭성을 되찾는 역할을 한다.

이렇듯 '내방신'과 '우타키의 신'은 모든 면에서 대조적인 태도를 보입니다. 하지만 상대가 있기에 자신도 존재하는 식으로, 아무래도 이 두 유형의 신의 관계는 단순한 대립만은 아닌 듯합니다. 두 유형의 신은 서로 어떤 관계에 있는 걸까요? 그 관계를 밝히기 위해 우선 '내방신'에 초점을 맞춰 이 신의 특징을 모델화해보겠습니다.

뫼비우스의 띠를 봉합하다

'내방신'은 '뫼비우스 봉합형'의 신으로 볼 수 있습니다. 좀 더 정확히 말하면, 이 신은 '중앙선을 따라 자른 뫼비우스의 띠를 다시 봉합하는' 기능을 갖고 있다고 생각할 수 있습니다.

우리는 이미 '뫼비우스의 띠'의 모델을 통해 포착되는 고차원의 스피리트 세계에 대해 자세히 검토해왔습니다. 그곳에서는 '이 세상'과 '저 세상'이 항상 같은 장소에서 하나로 연결되어 있었습니다. 그런 스피리트 세계가 압력에 의해 '찌그러져' 고차원의 대칭성이 자발적으로 깨진 곳으로부터, '내방신'이라는 존재가 무너진 대칭성의 일부분을 보존하는 존재로서, 그리고 다신교 우주를 구성하는 하나의 중요한 축으로서 탄생했던 겁니다.

즉 '뫼비우스의 띠'를 중심선을 따라 자름으로써, 그때까지 하나의 표면 위에 있던 '이 세상'과 '저 세상'이 앞면과 뒷면으로 분리되어 더 이상 쉽게 왕래할 수 없는 상태가 되었다고 표현할 수 있겠지요. 그 상태로는 '이 세상'은 '이 세상', '저 세상'은 '저 세상'으로 제각기 분리되어, 대칭성은 사고로부터 완전히 자취를 감추게 됩니다. 따라서 일단 중심선을 따라 분리된 고리를 그 잘린 선을 따라 다시 봉합함으로써, 상실된 대칭성의 일부를 회복하려는 정신(마음)

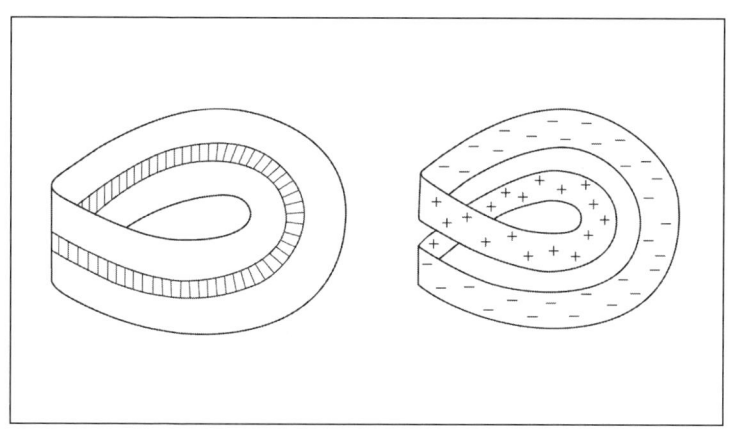

뫼비우스의 띠의 절단. 중심선을 따라 자름으로써 뫼비우스의 띠는 소실된다.
소실된 띠는 '한가운데'의 텅 빈 공간으로서 '부재不在'한다
(오가사하라 신야小笠原晋也『자크 라캉의 책ジャック・ラカンの書』곤고출판金剛出版에 의함)

의 운동이 일어날 때, 바로 거기에 '내방신'과 같은 신이 탄생하게 됩니다.

위의 그림을 봐주십시오. '뫼비우스의 띠'를 중심선을 따라 자르면 그 띠가 갖고 있는 특징은 사라지고, '뫼비우스의 띠' 자체가 소실됩니다. 그러나 사람들의 의식은 잘린 부분에 생긴 틈새에 쏠리게 됩니다. 그 틈새를 메울 이미지를 발견한다면, 소실된 '뫼비우스의 띠'를 회복할 수 있습니다. 그러면 스피리트 세계에서는 아주 자연스럽게 누구에게나 보이던 세계의 전체성을 회복하는 것도 가능하겠지요. 그럼 어떤 이미지라면 그 틈새를 메울 수가 있을까요? 다신교의 사고는 이 경우 현대의 정신분석학보다 훨씬 앞서서 실로 중대한 발견을 해왔습니다.

틈새를 메우는 것

'뫼비우스의 띠'의 절단 부분을 봉합해 틈새를 메울 수 있는 존재란 '이 세상'과 '저 세상' 사이에 발생한 거리를 머나먼 여행을 통해 연결할 수 있는 존재이자, 생활의 여러 장면에 발생하는 '내부'와 '외부'의 정확히 중간을 차지하는 존재여야만 합니다. 그리고 '이 세상'을 흐르는 시간을 거꾸로 흐르게 해, 사람들의 의식을 '최초의 시간'으로 되돌릴 수 있는 강한 환상성을 갖춘 존재여야만 합니다. 정신분석학에서는 이런 존재를 중간적 대상이라고 부릅니다.

어떤가요? 그러고 보니 내방신에게 부여된 모든 특징이 이 중간적 대상의 조건을 완벽하게 갖추고 있다는 생각이 들지 않나요? 그것은 죽음과 생명을 하나로 잇고, 신체의 '내부'와 '외부'를 하나로 이으려 합니다. 그런 힘을 가진 물질로는 모유, 눈물, 피, 정액, 타액, 배설물 등을 들 수 있겠지요. 인간이 사는 영역과 외부세계의 경계에서 자라는 것은 식물이므로, 그것을 몸에 걸쳐 중간적 대상으로서의 특성을 갖추게 됩니다. 또한 그런 대상은 신체의 윤곽이 뚜렷한 존재보다는 그로테스크한 아름다움에 가까운 존재가 될 겁니다.

구제자救濟者의 원형

'내방신'이라는 존재가 저차원의 대칭성을 갖는다고 할 때, 그 말에 숨어 있는 깊은 의미는 바로 그런 것입니다. '내방신'은 절단된 '뫼비우스의 띠'를 봉합해, 상실된 대칭성의 일부분을 회복하려 합니다. 그럼으로써 '이 세상'과 '저 세상'을 하나로 연결해, 안과 밖, 내부와 외부의 구별이 생긴 세계의 전복을 시도합니다. 그리고 오로지 앞으로만 가는 시간의 화살을 멈춰 세워, 주위를 드림 타임의 어슴푸레한 세계로 바꿔버리려 하지요.

'내방신' 가운데는 프로이트의 이론을 선구적으로 실천한 신도 발견됩니다. 그리고 종교에 구비된 강렬한 환상력의 원천은 바로 이 '뫼비우스 봉합형'의 사고법에서 솟아나옵니다. 현실세계를 구성하는 원리를 거스르면서까지 잃어버린 대칭성을 되찾으려고 하는 이 신에서, 우리는 '구제자'나 '혁명가'의 원형을 발견할 수도 있을 겁니다. 인간의 마음의 구조가 환상을 통해 그것을 추구하여 현실 속에 탄생시키는 셈이지요.

VI

신들의 기본구조 (2) ― 토러스 Torus 형

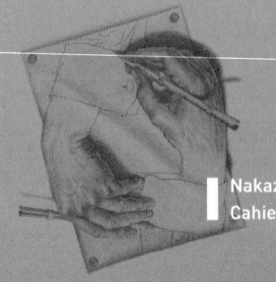

Nakazawa Shinichi
Cahier Sauvage Series

남도의 커뮤니케이션 이론

인류학 현장연구field work의 즐거움은 조사차 방문한 마을의 할아 버지나 할머니의 입에서 상당히 심오한 내용의 말이 아무렇지도 않 게 튀어나오는 현장을 목격했을 때 정점에 이릅니다. 그런 때 대학 같은 곳에서 하고 있는 학문의 천박함에 얼굴을 붉히지 않을 수 없지 요. 아마미오시마의 가케로마加計呂麻라는 섬마을에서 '스두가미' 라는 이름의 여성 사제가 말한 다음과 같은 이야기를 들은 인류학자 도 아마 그런 감동을 맛보았을 겁니다.

그 마을의 성지聖地는 '이베' 라고 불리며, 마을 한가운데에 있 는 '미야宮' 의 약간 높은 곳에 위치해 있습니다. 나무와 돌이 있을 뿐 인 무척 간소한 성지입니다. 거기에는 '섬을 지키는 신' 이 있다고 알 려져 있는데, 이 신은 '지고신' 의 특징을 갖추고 있어 일년 내내 그 곳에 머무른다고 합니다. 이 신의 성격에 대해 묻자 그녀는 다음과 같이 대답합니다.

신이 지금도 일년 내내 변함없이 이곳에 머무르며 마을을 지켜주 시지 않으면, 이 마을은 잠시도 유지될 수 없다. 예를 들어 이렇게 당신과 이야기를 나눌 수도 없게 된다. (요셉 크라이너·스미야 가즈히코, 앞의 책)

여기에는 놀라울 정도로 깊은 의미가 담겨 있습니다. 그녀는 현 대의 현상학자와 같은 정확성을 띠고 '말' 의 본질에 대해 이야기하고 있습니다. 마을의 생활이 혼란스럽거나 현실성을 잃거나 하지 않을 수 있는 것은 말의 힘 덕분이라고 그녀는 생각하는 겁니다.

사람과 사람 사이에 말이 오가고, 자기 마음속에 끊임없이 샘솟는 생각을 말의 질서에 따라 정리함으로써, 현실은 구성되어갑니다. 말에는 마음이 포착하는 현실을 공통의 척도와 문법의 질서에 따라 정리하는 작용이 있기 때문이죠. 그 덕분에 제각기 다른 생각을 갖고 있는 사람들이 서로 생각을 교환할 수 있으며, 자기만의 생각이 독선적인 환상으로 치닫지 않고 사회를 향해 열려 있는 상태를 마음속에서 유지할 수도 있습니다.

그런 언어를 상실하면, 그 순간 커뮤니케이션은 불가능해집니다. 그러면 현실 자체가 사라지고 생활도 불가능해지고 맙니다. 성지에 있는 '지고신' 형의 신은 그런 언어의 기능을 유지하는 신입니다. 넓은 의미에서는 상징질서를 지키는 신, 혹은 상징질서 자체를 나타내는 신입니다.

예술가, 좌익左翼, 트릭스터

여러 면에서 이 신은 앞에서 이야기한 '뫼비우스 봉합형'의 신과 대조적인 특징을 보입니다. 우리가 '뫼비우스 봉합형'이라고 부르는 신은, 언어가 갖는 상징기능에 저항하여, 발생 초기에는 존재했을 세계의 전체성을 회복하려는 마음의 작용을 나타냅니다. 그때 세계의 전체성을 안팎의 구별도, 내부와 외부의 구별도 없는 '뫼비우스의 띠'로 표현해보기로 하죠. 언어의 상징기능은 그 띠를 잘라 '나'와 '타자', 내부와 외부를 분리해버리는 역할을 합니다. 따라서 이 신은 어떻게 해서든 잘린 부분을 메우려고 노력합니다. 그렇게 해서 원상태로 되돌리는 데는 실패하더라도 일단 '뫼비우스의 띠' 다운 모습을 재현하는 데는 성공했습니다.

그렇게 되면 '뫼비우스 봉합형'의 마음의 작용을 표현하는 것에는 어른이 되기를 거절하고 본래의 일체상태로 되돌아가려고 하는 예술 표현 같은 것도 포함되며, 인류학에서 '트릭스터trickster'로 불리는 장난꾸러기 같은 신의 형상도 하나의 전형典型으로서 포함됩니다.

기존 사회질서에 반항하는 질서전복적인 정신활동이나, 현실을 부정하며 세계의 구제를 강렬히 추구하는 심리도 그 근본을 파헤쳐보면 이런 '뫼비우스 봉합형'의 마음의 작용에 근거한다고 생각할 수가 있습니다. 따라서 이 개념은 적용범위가 무척 넓다고 하겠습니다. 이런 마음의 작용은 정신의 '좌익적 성향'을 대표한다고 할 수 있습니다. 이 성향은 모든 사람의 마음에 내재해 있으며, 성장과정에서 그것이 표면화하느냐 그렇지 않느냐 하는 차이밖에 없습니다.

아버지로서의 '지고신'

그에 비해 '지고신'으로서 나타나는 상징질서의 신은 정신의 '우익적 내지 보수적 성향'을 나타낸다고 할 수 있습니다. 예술가적인 '뫼비우스 봉합형'의 신은 커뮤니케이션의 매끄러운 흐름을 방해하고, 거기에 다양한 의미와 풍부한 이미지를 끌어넣으려고 합니다. 그러나 상징질서를 유지하는 '지고신' 형의 신은 사람들 사이에 확실한 커뮤니케이션의 회로가 유지되도록 일년 내내 이 세상에 머무르면서 인간의 생활을 지켜봐주는 존재입니다.

재미는 없을지도 모르지만, 일상생활에서 가장 중요한 역할을 하는 신이라고 할 수 있겠지요. 그래서 '지고신' 형의 신은 종종 '아버지'라고 불리는 겁니다. 그레이트 스피리트였던 무지개 뱀도 '하늘에 계신 아버지'라고 불리는 경우가 있었습니다. 무지개 뱀이라는 존재가 부족의 사회질서를 유지하는 규칙이나 도덕을 모두가 지키게끔 하기 위해 엄중한 감시의 눈을 번뜩이고 있기 때문이죠. 그런 그레이트 스피리트가 스피리트 세계를 빠져나가 다신교 우주의 신들의 일원이 되었을 때도, 이 '부성父性'은 그대로 유지되었습니다.

이 점은 '지고신'으로부터 일신교의 '유일신'이라는 존재가 출현할 때, 매우 중대한 의미를 갖게 됩니다. 더욱이 이것은 자본주의적인 현대문화에 잠재한 '부성' 원리의 문제에까지 연결되므로, '지고신'이 지닌 특성은 인류 차원의 거대한 주제를 우리에게 던져준다고 할 수 있습니다.

'인간은 토러스다'

잘린 '뫼비우스의 띠'를 다시 봉합하려는 정신운동의 표현으로서

'내방신'의 본질을 파악한 것과 동일한 방법으로, 이 '지고신'의 본질을 표현하는 모델을 찾아낼 필요가 있습니다. 그것은 금세 찾을 수 있습니다. 바로 '토러스torus'(원환체圓環體)라고 불리는 도넛 모양의 입체입니다.

마음의 작용 속에서 이 모델을 최초로 발견한 사람은 '뫼비우스 봉합형'의 모델에서와 마찬가지로 정신분석학자 자크 라캉이므로, 여기서는 그의 사고의 궤적을 따라 문제의 핵심에 다가가기로 하겠습니다.

가케로마 섬의 여사제가 이야기한 것처럼, '지고신'인 성지聖地의 신(오키나와 섬에서 '우타키의 신'으로 불리는 존재가 그에 해당합니다)은 말의 상징질서를 지킵니다. 그 신은 한순간도 다른 곳으로 가지 않고 일년 내내 마을에 머무르며 마을의 질서를 지키는데, 그 덕분에 사람들 사이에는 공통이해의 척도가 유지됩니다.

그러기 위해서 '나'는 자신의 것이 아니라 다른 사람들하고도 공통의 도구인 '언어'라는 것을 사용해야 하는데, 이것이 바로 말에 내재하는 상징기능이라고 할 수 있습니다. '내'가 '내 말'만 떠들어대면, 타인과의 사이에 공통이해가 발생할 수 없습니다. 타인과 이야기를 할 때는, '나'의 무의식의 욕망이 이야기하고자 하는 '내 말'의 사용은 포기하고, 공통의 '언어'에 존재하는 규칙이나 법칙을 따라야만 합니다.

실제로 '내 말'이라는 것은 실재하지 않는 것인지도 모릅니다. 그것은 어린아이가 사회의 소유인 '언어'를 습득해 자신의 무의식의 욕망을 그 '언어'로 표현해보려 했다가 그것이 절대로 불가능하

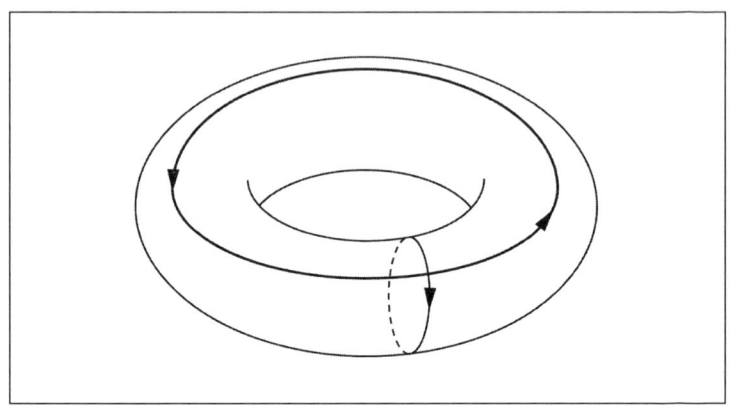

토러스

다는 것을 통감했을 때 나타나는 일종의 환상일지도 모릅니다. 말의
상징기능을 나타내는 '언어'는 이처럼 부분적인 진리밖에 표현할
수 없지만, 이 '언어' 없이는 우리는 자신의 마음을 표현할 수 없으
며, 타인과의 의사소통도 불가능합니다.

　　이런 상태를 라캉은 위와 같은 토폴로지(도형 모델)로 표현합니
다. 우리는 언어로 전체적 진리를 표현하기 위해 토러스의 표면을 의
미로 채워가려고 합니다. 말의 상징기능인 '언어'는 선형線形적인
질서를 갖고 있습니다(시간축을 따라 이야기하는 셈이니까요). 따라서
'말을 하고 있다'라는 상태를 토러스상의 곡선으로 나타낼 수가 있
습니다. 이렇게 해서 말은 '모든 것'을 표현하고자 합니다. 하지만
의미의 중심부에 다가가면, 이 토러스는 느닷없이 안쪽으로 꺾이며
중심을 피해 또다시 본래의 표면으로 돌아가버릴 운명에 처해 있습
니다. 따라서 중심부의 텅 빈 공간을 절대로 채울 수가 없습니다.

"이것이 말을 하는 인간이라는 생물의 숙명"이라고 라캉은 이 야기합니다. 〈인간은 자신의 직감이 파악하는 세계의 전체성을 표현 하려고 계속 말을 뱉어내지만, '말은 항상 자신이 이야기하고자 하 는 것을 제대로 표현하지 못한다'라는 숙명을 갖고 있다. 말이 표현 되는 곳에는 반드시 텅 빈 중심이 출현한다. 그렇기 때문에 말과 '물 物'이 일치하는 것은 불가능하다. 우리가 하는 말은 전부 '비유'에 불과하다. '비유'의 구조를 표현한다면, 그것은 바로 토러스다. 인간 이란 한가운데에 구멍이 뻥 뚫린 토러스다.〉 이것이 바로 말을 하는 동물인 인간의 본질이라고 라캉은 주장합니다.

토러스로서의 '우타키의 신'

가케로마 섬의 여사제와 라캉의 주장을 비교해보면, 우리 앞에 '지 고신'으로서의 본질을 가진 '우타키의 신'의 진실이 분명하게 드러 납니다. '지고신'의 특징과 인간이 따를 수밖에 없는 조건을 열거해 보겠습니다.

인간의 조건을 토러스로 표현한다면, 도표(162쪽)에도 분명히 나타나 있듯이, '지고신'은 그런 인간의 조건을 순수화한 것으로서 역시 토러스의 구조로 이루어져 있다는 것을 알 수 있습니다. 도넛 모양의 표면 전체(여기서 말의 질서가 유지됩니다)와 한가운데가 텅 빈 중공中空 구조로서 이 신의 본질을 나타낼 수 있겠지요. 여성으로 만 구성된 집단이 '우타키의 신'을 모신다는 점도 어쩌면 이 신이 갖

지고신의 특징	인간의 조건
성지에 상주하고 있다	항상 말을 한다
공동체에 있어서는 유일신이다	공동체의 모어母語는 하나, 단 하나다
보이지 않는, 모습을 드러내지 않는 신이다	말의 상징기능은 보이지 않는, 겉으로 드러나지 않는 기능이다
말의 질서를 유지하고 있다	말의 질서를 유지하려고 한다
충실한 빈 공간이 그곳에 임재臨在한다	말의 대상이 아닌 공허라는 존재가 '언어'를 성립한다
이미지를 거부한다	말은 이미지보다도 추상적이다

고 있는 토러스 구조와 관계가 있을지도 모릅니다. 이 토러스의 중심을 이루는 공동空洞은 말에 의해 표현할 수 없는 '초월성'을 나타냅니다. 이것은 여성이라는 존재가 말의 상징질서 속에 포함되지 않는, 불확정적인 영성靈性을 갖고 있는 매우 섬세한 생물이라는 점과 관련 있지 않을까 생각합니다.

말하자면 중심에 텅 빈 공간을 갖고 있는 '지고신'과 지성에 의존하지 않는 방법으로 교신할 자격이 있는 생물은, '지고신'과 마찬가지로 마음 한가운데에 뻥 뚫린 공간이 있는 여성이어야만 하는 것이 아닐까요? 하지만 이것은 너무나도 중대한 문제여서, 지금 그 문제에 대해 이야기하다가는 한 학기가 다 지나가버리므로 깊이 들어가지 않기로 하겠습니다.

'뫼비우스 봉합형'과 '토러스형'

드디어 우리는 다신교 우주의 구조를 밝히기 위해, '우타키의 신' 이나 '내방신' 처럼 지역마다 조금씩 다른 현상적인 표현이 아닌 순수한 모델을 통해 설명할 수 있게 되었습니다.

스피리트 세계의 대칭성이 자발적으로 깨짐으로써 출현한 다신교의 우주는 '뫼비우스 봉합형' 과 '토러스형' 이라는 두 유형의 신들로 구성되어 있습니다. 이 두 유형은 서로 깊은 관계에 있습니다. 한가운데에 구멍이 뻥 뚫린 구조를 하고 있는 '토러스형' 의 '지고신' 이 스피리트 세계 밖으로 튀어나오면, 그로 인해 '뫼비우스의 띠' 와 동일한 구조를 한 스피리트 세계의 전체성은 무너져버립니다. 그런 현상은 '뫼비우스의 띠' 를 중심선을 따라 잘라 안과 밖, 내부와 외부 등의 구별을 낳는 과정으로 나타낼 수가 있습니다.

그러자 그 잘린 부분을 메움으로써 본래의 전체성을 회복하려는 마음의 운동이 발생합니다. 잘린 부분을 봉합해, 상실된 대칭성과 전체성을 회복하려는 운동입니다. 이것이 '뫼비우스 봉합형' 의 신들의 이미지를 발생시킵니다. 계기가 된 것은 '지고신' 이 감행한 스피리트의 대칭성 세계로부터의 이탈이지만, 마치 그때 발생한 불균형을 메우듯이 해서, 역사와 현실에 맞서며 꿈꾸기를 좋아하는 신들이 출현했습니다.

한편 '토러스형' 의 신은 중심의 텅 빈 공간 자체를 신으로 삼음으로써 별도의 방법에 의해 자신이 전체성 그 자체가 되고자 합니다. 텅 빈 공간이 본질이므로, 당연히 이런 유형의 신은 이미지를 부정해 어떤 이미지도 갖지 않게 되겠지요. 눈부신 빛만이 이런 유형의 신의 속성으로 남게 됩니다.

다신교의 우주는 이 두 유형의 신들의 조합으로 이루어져 있습니다. 그것이 오키나와나 아마미처럼 분명하게 대조적으로 표현되는 곳은 오히려 드문 편으로, 실제로는 변형이나 복잡한 조합의 결과 본래의 기본구조가 보이지 않게 되는 경우가 많습니다. 그러나 주의 깊게 관찰해보면, 신들의 세계의 '원자原子'와 같은 기본구조를 발견할 수가 있습니다.

야나기타 구니오=오리쿠치 시노부의 주장의 수정

가령 일본열도 본토의 신사에 있는 신들의 세계는 이런 식으로 표현할 수 있습니다. 남도의 경우와 비교해서 표현해보겠습니다.

일본열도 본토의 신사에는 같은 씨족신을 모시는 씨족 집단이 있습니다. 하나의 씨족 집단에는 하나의 씨족신이 존재합니다. 게다가 씨족신은 반드시 하나만 모셔야 한다는 것이 원칙으로 정해져 있습니다. 이 씨족 집단이 중세에는 종종 '미야자宮座'라는 것을 결성해 고풍스런 제사의식이나 예능을 전승해왔는데, 이 '미야자'의 신을 모실 때는 다른 신을 숭배하는 것은 엄격히 금지되어 있었습니다. 결국 씨족신이란 본래 '지고신'으로서의 성격을 갖고 있었던 것은 물론이며 나아가서는 유대 민족의 '유일신'과 비슷한 요구를 했던 것 같습니다.

이런 관찰을 근거로 어떤 종교학자는 다음과 같이 주장합니다.

씨족신은 같은 씨족에 의해 모셔지며, 씨족을 위한 신으로, 그들에게는 절대적인 신이다. 따라서 씨족신에게는 본래 신들 각자의 고유한 개성이나 특수한 기능이 있는 것은 아니다. 말하자면 지고신이자 유일신이다. (하라다 도시아키原田敏明 『마을의 제사村の祭祀』 주오코론샤中央公論社, 1975년)

신사의 씨족신이 '토러스형'의 신이라는 점에 대해서는 의심의 여지가 없는 듯합니다. 그러나 거기에 '뫼비우스 봉합형'의 기능이 전혀 포함되어 있지 않느냐 하면, 반드시 그렇다고만은 할 수 없습니다. 씨족신을 위한 의식은 매우 엄숙하게 치러집니다. 의관을 갖춘 씨족이 모여, 사제관을 대표로 해서 신과의 커뮤니케이션의 회로를 열기 위한 의식을 거행합니다. 이 점은 남도의 '우타키의 신'의 경우와 같습니다. 다만 다른 점이 있다면, 남도에서는 여성이 모든 의식을 관장하는 데 비해 일본열도 본토의 '미야자' 등은 남성들에 의해 치러진다는 점입니다.

그러나 아무 탈 없이 씨족신과 그 자손을 이어주는 의식이 끝나는 바로 그 순간, 주위의 분위기는 돌변합니다. '축제'가 시작되는 겁니다. 조금 전까지만 해도 신을 위한 마당에서는 소음이 철저히 억제된 채 매우 엄숙한 의식이 거행되었으나, 이내 그곳은 활활 타오르는 횃불, 알몸에 땀투성이가 된 남자들, 흥청거리며 주고받는 술, 요란한 악기 소리, 다양한 형태의 공연, 울려대는 북소리 등과 같이 온

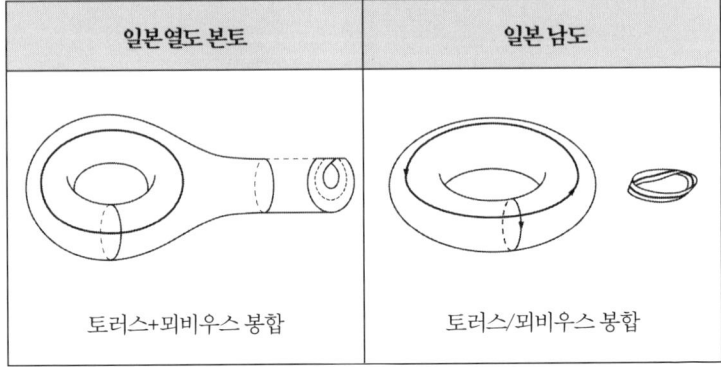

일본열도 본토	일본 남도
토러스+뫼비우스 봉합	토러스/뫼비우스 봉합

갖 과장과 과잉으로 뒤덮이고 메워져갑니다.

　'토러스형'의 신을 모시는 '의례'가 끝나면, 다음 순간부터 주역이 교체되어 '축제'의 시간으로 바뀌어가는 식으로, 일본열도 본토의 신사에서 거행되는 제의는 두 가지 대조적인 행동의 연속으로 구성됩니다. 그리고 흥미로운 것은, '축제' 부분은 우리가 말하는 '뫼비우스 봉합형'의 행위를 잘 짜맞추어서 이루어져 있다는 점입니다. 그런 특징이 가장 잘 나타나 있는 것은 '축제'의 꽃이라 할 수 있는 예능 부분일 겁니다. 오리쿠치 시노부가 지적했듯이, 남도의 '내방신'의 출현 형태는 '노能'(중세시대에 발달한 것으로 일본의 대표적인 예능의 하나—옮긴이)와 같은 일본의 대표적인 예능의 원형 가운데 하나라고 할 수 있으니까요. 결국 '축제'에 활기를 불어넣는 것은 스피리트들인 셈입니다.

‘토러스’와 ‘뫼비우스 봉합’의 결합

그래서 저는 일본열도 본토의 신사신앙을 ‘토러스’와 ‘뫼비우스 봉합’이라는 두 토폴로지의 결합으로 나타낼 수 있다고 생각했던 겁니다. 놀랍게도 수학자는 예전부터 이런 결합에 흥미를 갖고 많은 연구를 해왔습니다. 관심의 소재가 다르므로 결론만 이야기하겠습니다. ‘토러스’와 ‘뫼비우스의 띠’를 하나로 꿰매어 붙인 도형은 구면球面에 세 개의 ‘뫼비우스의 띠’를 붙인 것과 같습니다. 이런 사실이 ‘정신의 고고학’에서 어떤 의미를 갖는지에 대해서는 저로서는 도저히 알 도리가 없지만 말입니다.

그러나 여하튼 ‘우타키의 신’을 중심으로 하는 남도의 종교와, 씨족신의 신사를 중심으로 하는 일본열도 본토의 종교 사이에는 매우 명확한 구조상의 연관성이 있는 것만은 분명한 사실입니다.

이것을 근거로 해서 우리는 남도에서 ‘내방신’이 발견된 이래, 일본 민속학이 안고 있던 어려운 문제 중 하나를 아주 자연스럽게 해결할 수가 있습니다. 야나기타 구니오와 오리쿠치 시노부는 신의 출현의 원형이 남도에서 발견되는 ‘내방신’이라고 생각했습니다. 하지만 본토의 씨족신 신앙에서는 씨족신은 분명히 ‘내방’이 아닌 ‘상주常住’의 성격을 띱니다. 이런 모순을 해결하기 위해 일본 민속학의 창시자들은 이렇게 생각했습니다.

당시의 상황으로 봐도 도코요常世(바다 건너편에 있다는 불로불사의 이상향—옮긴이)는 잊혀야만 했다. 도코요의 신을 모시던 마

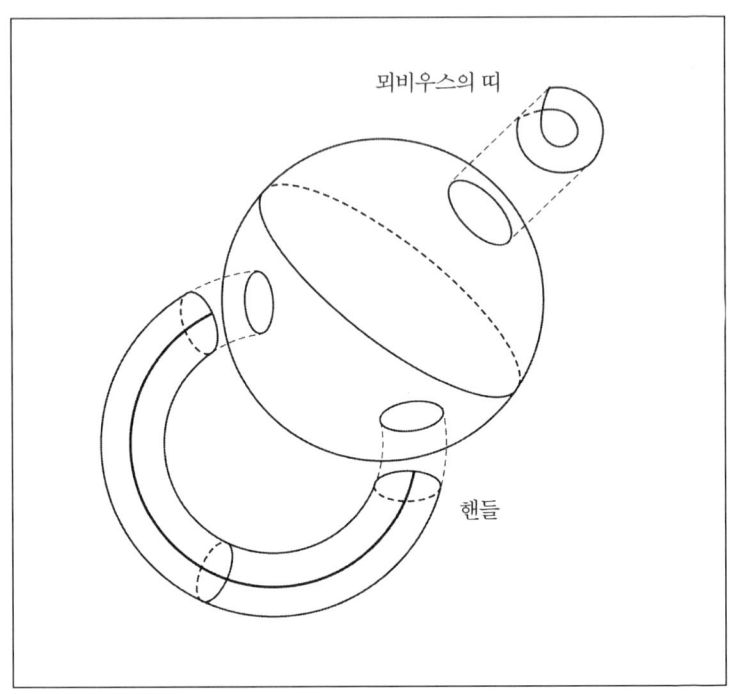

뫼비우스의 띠

핸들

토러스와 뫼비우스의 띠를 결합한 도형
(세야마 시로瀬山士郎 외 『토폴로지 만화경トポロジー万華鏡』 아사쿠라쇼텐朝倉書店)

을 사람들은 바다와 인연이 멀어졌다. 평야를 떠나 산속으로 들어
가버리면 마레비토(146쪽 옮긴이 주 참조-옮긴이)가 찾아오는
곳은 자연히 바뀌게 된다.

현재 혹은 근세의 신사에서 치러진 행사의 기원에 대한 연구 결과
와 고대신앙의 기록을 나란히 놓고 비교해보면, 가장 단순해진 것
은 바닷가 마을의 생활에 대한 인상이다. 여기에 이르면 일본 국
토에서 있었던 일인지, 아니면 주요 민족이 이주하기 이전에 거주

하던 곳에서의 일인지 분간할 수 없는 부분이 나온다. 이 점에 대해서는 달리 논할 생각이지만, 이것만은 이야기할 수 있다.

어찌 되었든 신앙을 통해 봤을 때 일본 국토에서의 생활의 역사가 상당히 오래된 것 같다는 점이다. 적어도 그런 생활을 시작한 마을이 아주 오래 전부터 있었던 것 같다. 게다가 저절로 발생한 것인지, 다른 마을로부터 받아들인 것인지는 논외로 치더라도, 서로 유사한 대부분의 생활양식이 많은 마을들에서 까마득한 고대에 발견된다. 평야 깊숙이 이주한 후에도 여전히 제의 때는 바다로부터 신이 올 거라고 믿은 마을도 있다. 하지만 대부분은 점점 형태를 바꾸어, 산이나 하늘로부터 온다고 생각하게 된다. 본래 천상에 낙원이 있을 거라고 생각한 마을들도 있었던 것 같다. (『오리쿠치 시노부 전집折口信夫全集』제1권 고대연구古代硏究 〈國文學編〉 주오문고中央文庫, 1975년)

이제까지 우리가 계속해온 탐구는 이런 무리한 가설을 세우지 않고도, 남도와 일본열도 본토의 종교 형태의 차이를 좀 더 신앙 내부의 논리적인 과정으로서 아주 자연스럽게 이해할 수 있다는 것을 보여줍니다. '내방신'이 멀리까지 나다니지 않게 되었기 때문에 씨족신이 신사에 머물게 된 것이 아니라, 씨족신은 '지고신=우타키의 신'의 동료로서 여행을 하지 않을 뿐입니다. 그리고 오리쿠치 시노부가 정확히 이해했듯이, 남도의 '내방신'의 기능은 예능과 제의가 변형시켜 수행하고 있습니다.

이와 같이 '정신의 고고학'이 도입하려고 하는 방법은 민속학

연구 등에도 상당한 위력을 발휘할 수 있을 것으로 저는 기대하고 있습니다.

마음의 구조에 대한 표현으로서의 다신교

어떤가요? 다신교의 우주가 마음의 구조를 아주 멋지게 표현한 것이라는 점을 이해하셨나요? 거의 '정신분석학의 선구자'라고 해도 좋을 정도이지요. 자크 라캉은 말을 할 수 있는 동물인 인간의 마음을 '구조'로서 포착한다면, 그것을 이해하기 위해서는 기본적으로 '토러스'와 '뫼비우스의 띠'(혹은 그것의 고차원적 표현인 클라인의 병)라는 두 종류의 토폴로지만으로 충분하다고 생각했습니다. 그런데 흥미롭게도 신들의 기본구조를 이해하기 위해서도 '토러스'와 '뫼비우스의 띠', 이 두 종류의 토폴로지만 있으면 충분합니다.

과연 이것은 우리에게 무엇을 이야기하고 있는 걸까요? 종교는 마음의 구조에 대한 심오한 표현으로, 그 이상도 이하도 아니라는 것이지요. 그리고 마음의 구조는 인간이 사용하는 언어의 구조에 의해 결정되며, '정신의 고고학'에 의하면, 이 언어의 구조 역시 현생인류의 뇌에 일어난 혁명적인 뉴런조직의 변화과정에서 출현한 유동적 지성의 작용에 의해 탄생한 것입니다.

이렇게 생각하면, 인간이 완전한 무신론 상태에 있는 것은 원리적으로 불가능하다는 결론마저 내리고 싶어집니다. 신들은 오랫동안 인간의 마음의 동반자였습니다. 설령 제도로서의 종교가 소멸하는 시대가 도래한다 해도, 현생인류로서의 마음의 구조가 변하지 않는 한, 신들은 앞으로도 틀림없이 마음의 구조의 표현자이자 숨은 동반자로서의 역할을 계속해갈 거라는 생각이 듭니다.

VII

지고신에서 유일신으로

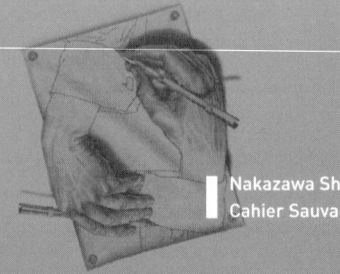

Nakazawa Shinichi
Cahier Sauvage Series

성스러운 결혼

한가운데에 구멍이 뚫린 토러스 모양을 한 '지고신'의 모델과, 일단 잘린 뫼비우스의 띠를 다시 봉합한 형태인 '내방신'의 모델을 상기해주십시오.

우리가 '뫼비우스 봉합형'으로 부른 신은 여러 면에서 '지고신'에게는 없는 성격을 갖고 있었습니다. 그중에서도 가장 커다란 차이는, '지고신'에서는 자기 내부로부터는 아무리 해도 '저 세상'이라는 개념을 만들어낼 수 없는 데 비해, '뫼비우스 봉합형'의 신에서는 '이 세상'과 '저 세상'의 구별이 필연적으로 생길 수밖에 없다는 점을 들 수 있습니다. 그럼으로써 풍요롭고 다양한 형태의 종교적 사고가 탄생되었습니다.

'뫼비우스 봉합형'의 신은 '이 세상=현실세계'와 '저 세상=타계'의 구별을 의식하게끔 하고, 두 세계를 공간적으로 격리되고 분리된 영역으로 묘사합니다. 그런 다음 빠져나가기도 힘들 정도로 좁은 통로를 통해 그 두 영역을 연결합니다. 이런 생각이 아마도 신화적 사고를 자극했을 거라는 점은 충분히 상상이 갑니다. 실제로 이 유형의 신과 관련해서 엄청나게 많은 종류의 신화가 만들어졌습니다.

'저 세상'이란 망자의 세계 또는 죽음의 세계라고도 할 수 있습니다. 그렇게 되면 '뫼비우스 봉합형'의 신은 망자의 세계와 산 자의 세계를 잇는 여행을 하는 자라는 이미지를 갖게 되겠지요. 실제로 망자의 나라로 내려가야만 했던 신을 소재로 해서 많은 신화가 만들어졌습니다. 그런데 그 망자의 나라는 죽은 어머니나 아내가 사는 세계이기도 하므로, 그 세계로 떠난 신화의 주인공에 해당하는 신은 여성이 갖고 있는 자연의 풍요로움과 접촉하고 '이 세상'으로 돌아오는 존재로서 묘사되기도 합니다.

또 다른 신화에서는 주인공인 남신이 죽어, 그 영혼을 찾아서 아내가 망자의 세계로 내려가는 영웅적인 행위를 합니다. 여신의 이런 영웅적인 행위에 의해 남신은 부활합니다. 이런 신화가 무엇을 의미하는지에 대해서는 이미 잘 아실 겁니다. '이 세상'과 '저 세상'이 또다시 뫼비우스의 띠처럼 하나로 연결된 것으로서 봉합될 뿐만 아니라, 일단 죽음에 의해 분리되어버린 '남자'와 '여자', '삶'과 '죽음', '풍요'와 '황폐' 등이 다시 하나로 결합되는 것이지요. 좀 더 세련된 표현으로 바꾸면, 세계의 다양한 레벨에서 '성스러운 결혼'이 실현되어 세계가 전체성을 회복했다고 할 수 있습니다.

역사에 출현한 '하벨'

이제부터 이야기는 드디어 '유일신'의 탄생이라는 스릴 넘치는 화제로 들어갑니다.

지금으로부터 약 4000년 전, 지금의 이스라엘의 가나안 지방에 '하벨' 혹은 '아빌'이라고 불리는 방랑족 한 무리가 정착했습니다. '하벨'은 본래 그다지 좋은 의미가 아닌 '법망을 벗어난 놈들' 정도의 의미였는데, 사막의 유목민인 베드윈하고는 전혀 달랐던 것 같습니다. 본래 이 말에서 후에 '히브리'라는 단어도 생긴 셈이므로, 주변에 있는 부족의 입장에서 보면 참으로 얄궂으면서도 영광스런 이름을 받은 셈이지요.

이 사람들은 수메르인이 티그리스강과 유프라테스강 사이의 아름다운 계곡에 만든 가장 오래된 문명도시 우르를 떠나, 오랜 여행 끝에 풍요로운 땅 가나안에 도달했습니다. 이 여행을 인솔한 이는 족장인 아브라함이라는 인물로, 전설에서는 '야훼' 라는 이름의 신을 모셨던 것으로 알려져 있습니다.

이때 아브라함이 모신 '야훼' 라는 신이 어떤 신이었는지에 대해 자세한 것은 알려진 바가 없습니다. 물론 『구약성서』에는 그 신은 아브라함 시대로부터 600~700년 후에 이집트에서 탈출한 족장 모세의 시대에, 모세 앞에 출현한 신과 똑같은 신이라고 적혀 있습니다. 하지만 그것은 오랜 세월이 흐른 뒤에 유대 민족이 자신들의 역사를 '유일신' 의 사상에 맞추어서 합리화하기 위해 생각해낸 이야기이므로, 액면 그대로 받아들여서는 안 됩니다.

현대의 성서 연구에서는 좀 더 자유롭게 해석합니다. 즉 아브라함의 시대에 있었던 신앙은 나중에 발생한 유대교보다 훨씬 이종교 배적인 성격이 강한 종교가 아니었을까 하고 생각합니다. 수메르인과 그 뒤를 이은 바빌로니아인의 종교는 가나안 지방에도 많은 영향을 주었습니다. 그리고 족장 아브라함 자신이 모시던 '야훼' 라는 신도, 또한 평범한 '하벨' 들이 당시에 실제로 믿었던 신들('신들' 즉 복수형이라는 점에 유의)도, 가나안 지방에 널리 퍼져 있던 종교에서 많은 영향을 받았을 거라고, 확실한 자료를 근거로 추정하고 있습니다.

엘과 바알

당시 가나안 사람들의 종교에서 가장 중요한 신이 둘 있습니다. 바로 '엘' 과 '바알' 입니다.

평소에 하늘을 거처로 삼으며 높은 산에 출현한다는 엘은 분명히 '지고신' 으로서의 본질을 갖추고 있습니다. 엘의 아들 바알은 어떤가 하면, 죽음의 세계로 들어갔다가 아내인 여신에 의해 소생한 풍요의 신으로서, 틀림없는 '뫼비우스 봉합형' 의 신의 특징을 갖추고 있습니다. 결국 엘과 바알의 조합에 의해, 비대칭적인 '토러스형' 과 대칭성이 강한 '뫼비우스 봉합형' 이라는 '신들의 기본구조' 의 두 요소가 부자관계로서 하나로 결합되기에 이릅니다.

바알 신에 대해서 다음과 같은 신화가 전승되고 있습니다. 태풍의 신 바알은 오스트레일리아 애보리진들의 무지개 뱀과 마찬가지로 우기雨期의 큰비가 갖고 있는 '선한 성질' 을 상징하는, 그야말로 영웅적인 신이었습니다. 홍수를 일으켜 작물이나 인간을 삼켜버리는, 큰비의 '악한 성질' 을 나타내는 '야무' 신과 끊임없이 언쟁을 하면서 대지를 비옥하게 만들어 풍작이 이루어지도록 했습니다.

그런데 여기서 신의 운명에 비극이 발생합니다.

그러나 바알은 불운을 당한다. 그는 죽어서 죽음과 불모의 신 모트의 세계로 내려간다. 아들의 비운을 들은 '지고신High God' 엘은 자신의 옥좌를 박차고 나와 참회의 삼베옷을 입고 자기 뺨을 자해하지만 아들을 살리지는 못한다. 신성한 영역을 떠나 자신의 쌍둥이 영혼인 바알을 찾아 나선 이는 다름 아닌 바알의 애인이자 누이인 아나트였다. 그 모습이 '마치 암소가 그 송아지를, 혹은 암양이 그 어린 양을 찾는 것' 같았다. 그녀는 바알의 시신을 발견하고 그를 위한 장례 의식을 거행한 후, 모트를 잡아 칼로 동강내어 키질하고 태운 다음 옥수수처럼 으깨어 대지 위에 뿌린다. 다른 위대한 여신인 이난나, 이쉬타르, 이시스에 대해서도 비슷한 이야기가 전해지는데, 그녀들 모두 죽은 신을 찾아내고 대지에 새로운 생

바알신

명을 가져왔다고 한다. 나아가 아나트의 승리는 해를 거듭하여 제의적 축제를 통해 영속화되어야 했다. 뒤에 —자료가 불충분하여 어떤 방법으로 바알이 생명을 얻었는지 확실히 알 수 없지만— 바알은 생명을 되찾고 아나트 곁으로 돌아왔다. 남녀 양성兩性의 결합으로 상징되는 전체성과 조화에 대한 이러한 신격화는 고대 가나안에서 제의적인 성행위 방법을 통해 경축되었다. (카렌 암스트롱Karen Armstrong 『신의 역사*A History of God*』: 배국원 · 유지황 옮김, 도서출판 동연, 1999년. 40쪽에서 인용—옮긴이)

『구약성서』에는 족장 아브라함은 '유일하고 지극히 높은 신 야훼' 만을 믿었으며, 자신의 백성에게도 '유일신 야훼'에 대한 신앙을 권유했다고 적혀 있습니다. 하지만 실제로 이스라엘 사람들은 족장의 고마우신 권유 같은 것은 한 귀로 흘려버리고 가나안 사람들과 하나가 되어, 틀림없이 '뫼비우스 봉합형'에 속하는 바알 신을 위한 제의 등을 적극적으로 거행했던 것 같습니다.

'지고신'으로서의 아브라함의 신

뿐만 아니라 아브라함의 신조차도 수상합니다. 아브라함의 신은 아직 '유일신'으로서의 성격을 확실히 갖추고 있지 않아, 그저 '지고신'으로 불러두는 편이 무난한 정도의 신이었을 거라고 생각하는 성서학자도 현대에는 여럿 있을 정도입니다. 그중 한 사람은 베스트셀러가 된 논쟁적인 책 속에서 이런 식으로 서술합니다.

> 아브라함의 신이 가나안의 '지고신' 엘이었을 가능성은 상당히 높다. 이 신은 아브라함에게 자신을 엘 샤다이El Shaddai(산악의 신)라고 소개하는데, 이는 엘의 전통적 칭호 중 하나다. 다른 곳에서 그는 엘 엘뤼온El Elyon(가장 높은 신) 또는 벧엘의 신El of Bethel이라고 불린다. 가나안의 '지고신' 엘의 이름은 이스라-엘 Isra-El이나 이쉬마-엘Ishma-El과 같은 히브리 이름에 남아 있다. 이스라엘인이 신을 경험한 방법은 중동의 이방인들에게도 잘 알

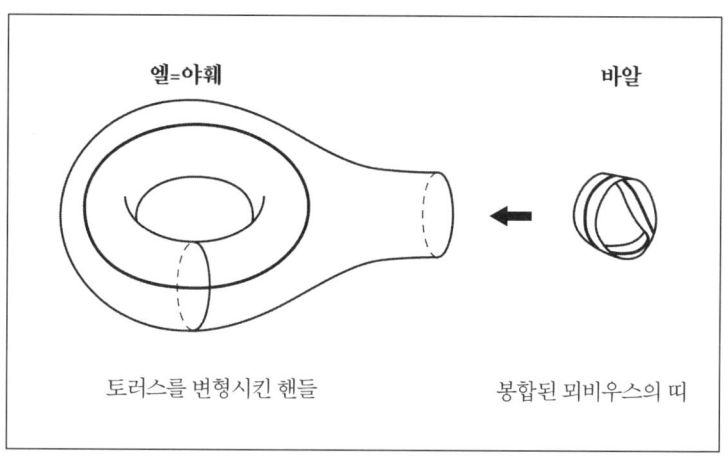

엘=야훼   바알

토러스를 변형시킨 핸들   봉합된 뫼비우스의 띠

려진 방법이었다. (앞의 책 45쪽—옮긴이)

이런 식의 연구를 거듭함으로써 앞으로 '일신교의 민족'의 신앙이 초기에 어떤 모습이었는가 하는 것은 분명히 밝혀지겠지만, 지금 단계에서도 그것이 우리가 '다신교 우주'로 불러온 것과 그다지 큰 차이가 없었다고 할 수 있을 것 같습니다. 당시에 족장들이 신으로 섬긴 야훼가 그 부족이 '지극히 높은 신'으로 모시는 단 하나의 신이었던 것은 틀림없었겠지만, 그것은 다신교 우주에서의 '지고신'의 한 형태를 벗어나는 것은 아니었을 것으로 여겨집니다. 게다가 이스라엘의 일반 사람들은 야훼만이 아니라 풍요의 신 바알조차도 서슴없이 신으로 섬겼습니다.

'토러스형'과 '뫼비우스 봉합형'이 공존하고 있었던 셈입니다. 야훼조차도 바알과 같은 신에 대한 신앙을 완전히 없앨 수는 없었습니다. 181쪽 그림에서 보듯이, 여기서 사람들의 마음의 구조는 '토러스'에 '뫼비우스의 띠'가 찰싹 달라붙은 것 같은 토폴로지 상태를 아직 유지하고 있었습니다. 짐작하시겠지만, 이것은 일본열도 본토의 신사신앙과 같은 구조입니다.

모세 앞에 유일신이 출현하다

이런 식이므로, 이스라엘 사람들 사이에 '유일신One God'이라는 존재가 출현하는 과정은 상당히 오랜 세월에 걸쳐 서서히 진행되었다고 생각하는 편이 좋을 겁니다. 그러나 그 과정 중에도 극적인 변화를 초래했을 것으로 상상되는 일이 몇 가지 일어납니다.

그중에서도 가장 중요한 것은 모세의 사상입니다. 모세는 당시 이스라엘 사람들의 사고방식과는 달리, 아브라함 이후의 그들의 신 야훼를 인간과 절대적인 거리를 두고 떨어져 있던 비대칭성의 신으로서 이해하고, 아울러 다른 다신교 우주의 신들에 대한 신앙을 철저하게 금지했습니다.

아브라함의 신은 아브라함 족장과 똑같은 카펫에 앉아 함께 식사까지 하는 사이였습니다. 그의 손자 야곱과는 밤새 맞붙어서 격투를 했을 정도지요. 그 정도로 친한 사이였던 이스라엘의 신이(결국 인간과 '지고신'으로서의 신 사이에 대칭성이 아직 어느 정도는 유지되어 있었던 셈이지요) 모세 앞에 출현할 때는 위엄 있는 말투로 이렇게 말합니다. 그때의 광경을 『구약성서』에서 보기로 합시다.

모세는, 미디안 제사장인 그의 장인 이드로의 양 떼를 치는 목자가 되었다. 그 양 떼를 몰고 광야를 지나서, 하나님의 산 호렙으로 갔을 때, 거기서 주의 천사가 가시떨기 가운데서 이는 불꽃으로 나타났다. 모세가 보니, 가시떨기에 불이 붙는데도 그 떨기가 타서 없어지지 않았다. 모세는 이 놀라운 광경을 좀 더 자세히 보고, 어째서 가시떨기가 불에 타지 않는지를 알아봐야겠다고 생각하였다. 모세가 그것을 보려고 오는 것을 보시고, 하나님이 가시떨기 가운데서 "모세야, 모세야" 하고 그를 부르셨다. 모세가 대답하였다. "예, 제가 여기에 있습니다." 하나님이 말씀하셨다. "이리로 가까이 오지 말아라. 네가 서 있는 곳은 거룩한 땅이니, 너는 신을 벗어라." 하나님이 또 말씀하셨다. "나는 너의 조상의 하나님, 곧 아브라함의 하나님, 이삭의 하나님, 야곱의 하나님이다." 모세는 하나님을 뵙기가 두려워서, 얼굴을 가렸다. (『구약성서―창세기』) (성서의 모든 인용문은 대한성서공회에서 출간한 『성경전서』의 번역에 의함―옮긴이)

'지고신'에 대한 자각이 모세의 사상을 통해 단번에 무척 고조되었다고 할 수 있을지도 모릅니다. 그때까지 '지극히 높은 신'으로서 천상을 거처로 삼으며 눈부신 빛이나 불을 통해 인간 앞에 종종 출현하던 '지고신'에게는, 바알이나 여신들이 즐기던 풍부한 감성이라든가 인간과의 친근한 접촉을 거부하려는 성향이 잠재해 있던 것은 사실입니다. 그렇다 해도 다신교 우주에 존재하는 한, '지고신'은 '뫼비우스 봉합형'의 신과 공생관계를 유지하기 위해, 자기 안에 잠재되어 있는 성향을 이 정도로 극단적인 형태로 드러내려 하지는 않았습니다.

일신교 혁명의 의미

그런데 출애굽出埃及의 체험과 모세의 사상을 통과한 후에, '지고신' 은 인간과 절대적인 거리를 유지하며, 격렬한 질투심으로 다른 신들 의 존재를 거부하는 '유일신' 으로 변모했습니다. 인류의 사고 안에 처음으로 절대적으로 비대칭적인 신이 출현한 셈입니다.

고난의 역사를 체험할 때마다, 이스라엘 사람들 사이에서는 '유일한 신 야훼' 에 대한 절대적인 신앙을 강조하고, 지금은 '이교異 教의 신' 으로 취급받는 다신교 우주의 신들을 거부할 것을 주장하는 예언자들이 속속 등장해, 모세가 시작한 이 '일신교 혁명' 을 점점 더 극단적인 방향으로 끌고 가려 했습니다.

예언자들이 전하는 야훼의 말은 애인을 향해 절대적이고 한결 같은 사랑을 요구하는 남성의 말처럼 들리기도 합니다. 이스라엘 사 람들의 마음을 유혹한 매력적인 바알 신들에게서 어떻게 해서든 애 인의 마음을 되돌리기 위해, 어떤 예언자는 이런 노래를 부릅니다.

그날에
너는 나를 '나의 남편' 이라 부르고,
다시는

'나의 주인'이라 부르지 않을 것이다.

나 주의 말이다.

그때에 나는 그의 입에서

바알 신들의 이름을 모두 없애고,

바알 신들의 이름을 부르는 자들이

다시는 없도록 하겠다. (『구약성서―호세아서』)

이런 격렬한 말 속에 담긴 뜻을 우리는 어떻게 해석해야 할까요? '정신의 고고학'은 여기서 마음의 구조를 바꾸고자 하는 강렬한 충동을 발견합니다. 이 충동에 의해 마음의 에너지의 배치구조에 혁명적인 변화가 일어나기 때문이죠.

호모 사피엔스 사피엔스의 뇌에 처음으로 출현한 스피리트 세계는 몇 차례의 구조 변경을 거치면서도 '대칭성의 유지'를 통해 여전히 본래의 전체성을 유지해왔습니다. 스피리트 세계의 그런 구조 변경 과정에서 탄생한 '지고신'이라는 존재 가운데서 야훼라는 신이 출현한 셈인데, 그때 야훼를 '유일신'으로 섬겨 전체성을 무너뜨리려는 사람들이 출현할 조짐이 나타났습니다. 그것은 언젠가 세상을 완전히 바꾸어버릴 힘을 갖게 되지요. 그런 의미에서 그것은 일종의 '혁명'이었다고 할 수 있습니다.

VIII

마음의 거대파충류

Nakazawa Shinichi
Cahier Sauvage Series

'뫼비우스의 띠'의 억압

일신교 성립의 극히 초기 단계에 대한 이제까지의 설명에서 알 수 있는 것은 이렇습니다. 즉 '지고신'을 중심으로 해서 구성된 다신교 우주가 '유일신'만의 일신교로 바뀌는 과정에서, 기존의 어떤 중요한 요소가 완전히 제거되거나 파괴되는 일이 실제로는 일어나지 않았습니다. 그러면 어떤 일이 일어났기에 완전히 이질적으로 보이는 일신교가 다신교 안에서 출현할 수가 있었던 걸까요?

제거나 파괴가 아니라 '억압'이 일어났던 겁니다. '토러스형'의 종교적 사고에 의해 '뫼비우스의 띠'와 같은 마음의 작용을 유지하려 해왔던 마음의 기구機構 전체가 억압당해 표면으로는 나오기 힘들어졌으며, 그렇게 해서 다신교가 일신교로 변화했다고 보는 편이 옳을 듯합니다.

이 과정은 스피리트 세계가 다신교 우주로 바뀔 때 일어난 과정하고는 아무래도 근본적으로 차이가 있는 듯합니다. 그때는 마음의 토폴로지 구조가 '자발적 대칭성 깨짐'과 매우 유사한 정신역학적인 과정을 통해 진정한 변화를 일으킵니다. 그러나 이제까지 봐왔듯이, 일신교의 성립에서는 그런 마음의 구조의 토폴로지에 관련된 근본적인 변화는 일어나지 않았습니다.

'토러스형'의 마음의 작용도, 그리고 '뫼비우스 봉합형'의 마음의 작용도, 현생인류의 뇌가 직감하는 '초월성'의 영역 근처에서 솟아나오는 마음의 에너지의 조형에 의해 이루어진 것입니다. 따라서 본래의 '소재'는 같다고 할 수 있으며, 거기에 억압이 가해져 전체적인 배치만 바뀐 것으로 일신교의 성립을 이해할 수가 있습니다.

'유일신'의 토폴로지

그런 식으로 일신교를 이해해보면, '순수한 일신교' 라는 것이 존재하기란 무척 어려운 일이라는 것을 알 수 있습니다. 그러나 그것을 이론적으로 상상해보는 것은 가능합니다. '순수한 일신교' 라는 것은 아마도 '토러스' 만으로 이루어진 마음의 토폴로지를 의미할 겁니다.

도넛 모양을 한 '토러스' 의 표면에는 언어의 상징질서를 실현해, '이 세상' 을 질서정연하고 지적으로도 이해 가능한 것으로 만들기 위한 수많은 언어적 표현이 새겨져 있습니다. 그런 언어적 표현의 작용은 의식의 표면만이 아니라 '무의식' 으로 불리는 영역에까지 영향을 미칩니다. 이런 언어적 표현이 도넛의 표면을 몇 겹으로 메우듯이 해서 '이 세상' 은 이루어져 있습니다.

그러나 이런 언어적 표현을 한없이 포개어 쌓아도 '토러스' 의 한가운데에 뚫린 '구멍' 을 완전히 메울 수는 없습니다. 아니 그보다도 '이 세상' 의 현실은 언어의 상징질서에 의해 만들어진다고 하는 생각 자체가 필연적으로 중심에 '구멍' 이 생기게끔 한다고 생각하는 편이 좋을 겁니다.

그렇게 해서 오로지 일신교의 신만이 중심의 텅 빈 공간을 채울 수 있다고 생각하게 됩니다. 인간이 행하는 어떤 지적 활동도 세계의

단어로 뒤덮인 토러스

전체 진리를 완벽하게 표현할 수는 없습니다. 언어적 표현이 포착하는 '이 세상'은 아무래도 '불완전'합니다. 그러나 신의 지성만은 '완전'합니다. 그렇기 때문에 인간의 지성으로서는 '비지非知한'(생각할 수 없는, 알 수 없는)(프랑스의 사상가인 조르주 바타유Georges Bataille가 즐겨 사용한 용어로 원어는 non-savoir임. 비지는 본래는 무無였는데, 바타유에 의해 실체화되기도 하고, 때로는 신이라는 이름이 부여되기도 했음—옮긴이) 것을 신의 지성만은 알 수 있다는 생각이 일신교 내에서 발달하겠지요. 결국 신은 '비지'의 영역을 포함한 '완전한 지성'의 활동을 의미하게 됩니다.

세계를 지성으로만 파악하려는 욕망의 발생

관점에 따라서는 이런 식으로 일신교도 세계의 전체성을 파악하고 자 하는 거라고 할 수 있을지 모릅니다. 철저한 비대칭의 원리에 의해서, 신의 지성이 '비지'의 영역까지도 포함한 세계의 전체성을 파악한다는 전략이지요. 다신교의 경우에는 저차원의 대칭성을 포함한 '뫼비우스 봉합형'의 다양한 신들의 활약에 의해, 본래의 대칭성을 회복하려는 노력이 시도되었습니다. 그리고 일신교는 비대칭성의 원리만을 이용해서 그와 비슷한 것을 실현하려 해왔다고 할 수 있지요.

그 결과 일본인처럼 본래 다신교 우주 안에서 발달한 문화 속에서 살아온 사람들에게는 도저히 납득하기 힘든 주장이 일신교 그중에서도 특히 크리스트교 측으로부터 강하게 제기되었던 겁니다. 그중에서도 크리스트교적인 근대문명은 지나치게 '지성'만을 중시해, '지'와 '권력'이 일체를 이룬 듯한 문명을 지구적인 규모로 확장해 왔으며, 지금도 강력히 확장하고 있는 모습을 우리는 우려의 눈으로 지켜보고 있습니다.

여러분은 기억하고 있나요? 처음에 '지고신'의 본질을 설명했을 때, 그것이 본질적으로는 '이 세상'과 '저 세상'의 구별이 없는 사고에 기초한다고 말한 적이 있지요.

세상은 하나이며, 오로지 이 마을뿐으로, 이 마을 이외의 다른 세상에 대해서는 전혀 생각할 필요가 없다. 신은 항상 여기에 존재하며, 신이 없는 이 세상이라는 것은 존재하지 않으므로, 더 이상 내방來訪이라는 사고는 없다. (요셉 크라이너 · 스미야 가즈히코 『남서제도의 신 관념』)

남도 사람들이 생각한 '지고신'에 대한 이런 규정은 일신교의 신에도 적용할 수 있습니다.

다양한 종류의 내방신이나 바알형型의 풍요신을 탄생시켜온 다신교 우주에서는 '이 세상'의 리얼리티는 언어의 상징기능에 의해 순간순간 형성되어가는 반면 '저 세상'에는 그런 상징질서가 영향을 미치지 않는 것으로 인식되었습니다. 따라서 일신교 쪽에서는 이런 사고법을 '신비주의'로 치부하였습니다. 그럼으로써 다신교는 어떤 의미에서는 '지의 권력'이 절대로 미치지 않는 영역을 사고 안에, 혹은 뇌 안에 확보하고자 해왔는지도 모릅니다.

그런데 이런 '뫼비우스 봉합형'의 사고를 강력하게 억압해버리면, '지의 권력'이 사고의 전면을 뒤덮는 매우 심각한 사태가 발생하게 됩니다. 왜냐하면 본래 '지고신'인 '유일신'에게는 원칙적으로는 '이 세상'밖에 없으니까요. '유일신'은 본래 '저 세상=타계' 같은 것을 생각할 필요도 없으며, 그런 능력도 갖고 있지 않습니다(일신교가 묘사하는 '저 세상'의 이미지는 스피리트 세계에 대한 기억을 갖고 있는 사람들에게는 상상력이 빈약한 풍자만화로밖에 보이지 않습니다. 단테가 묘사한 '저 세상' 조차도 실제로는 '이 세상'의 이미지를 투영한 것에 불과한 것처럼 여겨질 정도죠).

일신교의 사고는 오로지 이 신이 갖고 있는 '전지전능全知全能'

함이 비추는 가로등 아래에서만 이루어집니다. 그렇기 때문에 '신의 전지전능'이 처음부터 '이 세상'의 지평으로 몰려 들어오는 사태가 발생합니다. 그렇게 되면 곧바로 '지知는 곧 권력'이라는 식의 사고가 탄생하겠지요. 비대칭성의 사고만으로 종교를 형성하면, 이런 위험한 사태가 발생할 가능성이 높아집니다. 그런 종교는 지나치게 고지식하기에, 커다란 위험을 안고 있습니다.

엉성하기 짝이 없는 창조주 갈까마귀

그런 고지식함은 특히 만물의 '기원'에 대해 생각하려 할 때 발휘됩니다. 『구약성서』에 나오는 '천지창조' 신화 등에 그런 고지식함의 진면모가 잘 나타나 있는데, 그 점이 많은 문제를 야기해왔습니다. 시간적으로 여유가 별로 없으니, 여기서는 흥미로운 에피소드 하나만 소개하고 더 이상은 거론하지 않겠습니다.

　북아메리카대륙 북서해안에 사는 선주민이나 이누이트들, 그리고 베링해협을 건너 아시아 쪽에 정착한 추크치족이나 코랴크족 등의 선주민이 근대에 들어와 크리스트교를 접했을 때, 심한 수치심을 느꼈다는 기록이 여럿 남아 있습니다.

　이 지역 사람들 사이에는 갈까마귀를 창조주로 하는 신화가 전승되어왔습니다. 그들은 성서의 '천지창조' 이야기를 들었을 때, 그때까지 미처 깨닫지 못했는데, 자신들의 창조주의 행위가 성서에 등장하는 신 야훼의 행동에 비하면 엉성하기 짝이 없다는 생각이 들어

세계를 해방시키는 갈까마귀(하이다족의 조각)
(Bill Reid · Robert Bringhurst, *Le Dit du Corbeau*, Atelier Alpha Bleue)

창피해서 어쩔 줄을 몰랐다고 합니다.

그것은 이런 내용의 신화입니다.

추크치족의 신화 : 「갈까마귀 쿠르킬과 그의 아내」

갈까마귀 쿠르킬과 그의 아내가 함께 살고 있었다. 갈까마귀는 누
군가에 의해 창조되지 않았다. 그는 스스로 창조된 자였다. 그들
이 사는 땅은 무척 작았지만, 그들이 생활하기에는 충분했다. 그
곳에는 사람을 비롯한 어떤 생물도 없었다. 순록이나 해마海馬, 고

래, 바다표범, 물고기와 같은 생물이 하나도 없었으므로, 그야말로 아무것도 없었던 셈이다.

아내가 불렀다. "쿠르킬." "왜 그러지?" "우리만으로는 쓸쓸하지 않아요? 좀 더 즐겁게 생활하고 싶어요. 가서 대지를 만들어보는 게 좋을 것 같아요." "나는 못해. 정말이야." "아니, 할 수 있어요." "못한다고 했잖아." "아, 그래요? 당신이 대지를 못 만든다면, 내가 사람 정도는 어떻게 만들어보죠." "그래? 지켜보도록 하지." "나는 가서 잘게요." 하고 아내는 말했다. "나는 자지 않겠어." 쿠르킬은 말했다. "너를 지켜보고 있을 거야. 네가 어떻게 되는지 보고 있어야겠어." "좋아요." 그녀는 누워서 잤다. 쿠르킬은 자지 않았다. 그는 지그시 지켜보고 있었다. 아무 변화도 일어나지 않았다. 그녀는 이제까지와 마찬가지였다. 그의 아내는 물론 그와 똑같은 갈까마귀의 모습 그대로였다. 반대쪽에서 바라봐도 역시 마찬가지였다. 정면에서 바라보니, 그녀의 발은 발가락이 열 개인 인간의 발로 변해 천천히 움직이고 있었다. "아니, 이게 어찌된 일이야?" 그는 자신의 발을 뻗어봤지만 그의 발톱은 여전히 갈까마귀의 갈고리 모양 그대로였다. "아니야, 나는 내 몸을 변하게 할 수는 없어." 그러고는 다시 쳐다보니, 그의 아내의 몸은 이미 하얗게 변했고 날개가 사라져 인간처럼 변했다. "아아, 이를 어쩐다." 그는 자신의 몸을 변화시키려고 했지만, 어떻게 해야 할지 알 수가 없었다. 몸을 문지르고 날개를 잡아당겼지만, 아무 소용이 없었다. 여전히 갈까마귀의 몸과 갈까마귀의 날개였다.

또다시 그는 아내를 쳐다봤다. 그녀의 배가 점점 커졌다. 자는 사이에 그녀는 아무런 노력도 하지 않고 창조를 하고 있었다. 그는 깜짝 놀라 얼굴을 돌렸다. 무서워서 더 이상 보고 있을 수가 없었다. "이제 다시는 쳐다보지 말아야지." 잠시 후에 그는 궁금해서 참을 수가 없었다. 그래서 다시 한 번 쳐다봤다. 그러자 이미 세 명으로 늘어나 있는 것이 아닌가. 그의 아내는 눈 깜짝할 사이에 분만을 했다. 그녀는 남자 쌍둥이를 낳고 있었다. 그런 다음 이윽고 그녀는 잠에서 깨어났다. 세 아이는 모두 인간과 같은 몸을 하고 있었는데, 쿠르킬만 갈까마귀의 몸 그대로였다. 아이들은 갈까마귀를 보고 웃으며 어머니에게 물었다. "엄마, 저건 뭐예요?" "아버지란다." "아버지라고요? 정말이에요? 하하하…." 그들은 다가가서 그를 발로 밀었다. 어머니는 말했다. "얘들아, 너희들은 아직 어리다. 말을 해도 된다고 할 때만 말을 해야 한다. 여기서는 우리 어른이 이야기하는 편이 낫단다. 웃어도 된다고 할 때만 웃도록 해라. 너희들은 명령에 따라야만 한다." 그들은 그 말을 듣고 웃음을 그쳤다.

갈까마귀는 말했다. "네가 인간을 만들었으니 이번에는 내가 가서 대지를 만들도록 하지. 만일 내가 돌아오지 않거든, '그는 물에 빠져버린 거야. 그냥 내버려두자'라고 생각해도 좋아. 한번 해볼 생각이야." 그는 날아갔다. 처음에 그는 누구에게나 도움을 주는 유익한 존재인 봐르깃을 찾아가 조언을 구했지만, 그는 아무런 대답도 해주지 않았다. 새벽에게 부탁했지만, 조언을 들을 수는 없었다. 석양, 황혼, 낮, 천정天頂에 부탁했지만, 대답도 조언도 없었다. 마침내 그는 하늘과 땅이 하나가 된 장소에 이르렀다. 하늘과 땅이 만나는 움푹 파인 곳에 천막 하나가 있었다. 그 안은 사람으로 가득 차 있었다. 그들은 법석을 떨고 있었다. 그가 불꽃으로 생긴 구멍으로 들여다보니, 엄청난 수의 벌거벗은 등이 보였다. 그는 깜짝 놀라 뒤로 물러서서, 그 자리에 벌벌 떨며 서 있었다. 너무 무서운 나머지, 방금 전까지 자신이 하려 했던 오만한 행동에 대해 까맣게 잊어버렸다.

벌거벗은 남자 하나가 나왔다. "누군가 지나가는 소리가 들린 것 같은데, 어디 있는 거지?" "바로 나다." "이거 멋지군. 넌 누구냐?" "사실 나는 창조주가 되려고 한다. 나는 쿠르킬, 스스로 창조된 자다." "아, 그래?" "그런데 너희들은 누구냐?" "우리는 하늘과 땅이 만나서 부딪칠 때 생긴 먼지에서 만들어졌지. 우리는 번식을 해서, 지상의 모든 인간들의 최초의 조상이 될 생각이야. 그러나 대지가 없어. 누군가 우리를 위해 대지를 만들어줄 수 없을까?" "내가 해보지."

갈까마귀와 그 남자는 함께 날아갔다. 갈까마귀는 날면서 배설을 했다. 배설물이 하나하나 물속에 떨어지자 금세 커지더니 육지가 되었다. 배설물 하나하나가 육지가 되고, 대륙과 섬, 많은 땅이 되었다. "자, 봐라. 이거면 충분하지?" 갈까마귀는 말했다. "아니, 아직 부족해." 남자는 대답했다. "이걸로는 충분하지 않아. 담수도 없고, 육지가 너무 평평해 산 같은 것도 없잖아." "그래? 다시 한 번 해보지." 하고 갈까마귀는 말했다.

그는 날아서 물을 건너갔다. 물이 한 방울 떨어진 곳에 호수가 생겼다. 물줄기가 떨어진 곳에는 강이 생겼다. 그런 다음에 그는 무척 딱딱한 똥을 누기 시작했다. 그 배설물 중 큰 것은 산이 되고, 작은 것은 언덕이 되었다. 대지는 지금처럼 만들어졌다. 그러자 그가 물었다. "자, 봐라. 이걸로 충분하지?" 상대방은 죽 훑어봤다. "아직 충분하지 않아. 이렇게 물이 많지 않을 때는 괜찮지만, 언젠가 물이 불어서 육지를 완전히 뒤덮어 산꼭대기마저 안 보이게 될지 모르거든."

그러자 선량한 갈까마귀는 멀리 날아갔다. 그는 온힘을 다해 대지를 만들어 지쳐 있었지만, 그래도 강과 호수로 흘러들어가는 물을 만들었다. "자 이제 봐라. 이걸로 충분하지?" "충분한 것 같아. 만일 홍수가 나더라도 적어도 산꼭대기는 물 위로 나와 있을 테니까. 그래, 이걸로 충분해. 그런데 우리는 뭘 먹고 살지?"

그러자 선량한 갈까마귀는 나무들이 있는 곳으로 날아갔다. 그 나무들은 다양한 종류의 수목—자작나무, 포플러, 사시나무, 버드나무, 소나무, 갈대였다. 그는 큰 자귀를 꺼내 나무들을 베기 시작했다. 그러고는 나무토막을 물 속으로 던졌다. 그러자 나무토막이 바다 쪽으로 떠내려갔다. 그가 소나무를 베어 그 토막을 물 속에 던지자, 그것들은 해마가 되었다. 떡갈나무를 자르자, 그 토막은 바다표범이 되었다. 소나무 토막은 북극곰이 되고, 자그마한 나무인 흑단黑檀 토막은 커다란 고래가 되었다. 그 밖에 모든 나무들의 토막은 물고기, 게, 벌레와 같은 바다의 생물이 되었다. 그리고 야생순록, 여우, 곰과 같은 육지의 온갖 생물이 탄생했다. 그는 그것들을 전부 만들더니, "자, 이제 식량이 생겼다. 어떠냐?"라고 말했다.

얼마 후에 인간들은 어른이 되어 제각기 다른 방향으로 갔다. 그들은 집을 만들고, 사냥과 포획으로 먹을것을 마련하며 성장했다. 그러나 그들은 전부 남자들이었다. 여자는 없었다. 그래서 사람들은 번식이 불가능했다. 갈까마귀는 '어떻게 하지?' 하고 생각하기 시작했다.

작은 암거미 한 마리가 하늘에서 가느다란 실을 타고 내려왔다. "너는 누구냐?" "저는 암거미 쿠르그네우트입니다." "그래? 뭐 하러 여기 온 거지?" "사람들이 여자 없이 남자들끼리 어떻게들 생활하고 있나 궁금해서 와봤습니다." "하지만 너는 너무 작아." "그건 문제없어요. 여기를 보세요." 암거미의 배가 커지면서 임신을 하더니 네 딸을 낳았다. 그녀들은 엄청난 속도로 성장해 어른이 되었다. "이제부터 지켜봐주세요."

한 남자가 다가왔다. 갈까마귀와 함께 날아다녔던 남자다. 그는 여자들을 보며 말했다. "이건 도대체 뭐라고 하는 거지? 우리와 비슷한 듯하면서 다르기도 하군. 하지만 내 짝으로 하나 필요할 것 같아. 우리는 뿔뿔이 흩어져서 따로따로 생활하고 있다. 그래서는 생활이 즐거울 수가 없어. 혼자 지내는 건 따분하니, 이 중 하나를 내 짝으로 데려가고 싶다." "하지만 그렇게 되면 우리는 배를 실컷 채울 수 없게 될 거야." "왜 배를 채울 수 없다는 거지? 나에게는 먹을것이 충분해. 우리는 모두 사냥꾼이야. 내가 실컷 먹여주지. 절대로 배를 곯리는 일은 없을 거야."

그는 한 여자를 데려갔다. 다음 날 갈까마귀는 그들이 사는 곳으로 갔다. 그리고 천막에 구멍을 뚫어 들여다봤다. "아니, 침실의

반대편 구석에서 멀찌감치 떨어져 자고 있다니. 이래선 안 되지. 이래서야 인간이 늘어날 수가 없어."

그는 은밀한 목소리로 말했다. "잘 있었나?" 남자가 눈을 뜨더니 대답을 했다. "이쪽으로 와라. 내가 들어갈 테니까." 갈까마귀가 들어갔다. 여자는 알몸으로 자고 있었다. 그는 다가가 그녀의 한쪽 팔의 냄새를 맡고, 날카로운 부리로 그녀를 쪼았다. "아아, 아아, 아아." "조용히 해. 남이 들으니까." 그는 그녀의 양다리를 벌리고 성교를 했다. 그리고 그것을 되풀이했다. 한편 남자는 밖에 서 있었다. 그는 추워졌기에 이렇게 말했다. "너는 나를 무시하는 것 같군." "자, 들어와라. 너도 알 거다. 너희들이 번식을 하기 위해서는 이렇게 해야 하는 거야." 남자가 들어왔다. 여자는 "아, 기분 좋아. 또 하고 싶다"라고 말했다. 남자는 "어떻게 하는 건지 몰라"라고 대답했다. "자 좀 더 가까이 다가가거라." 남자는 "아아, 멋지군." 하고 말했다. 그들은 서로 정을 나누었다.

이런 연유로 여자들은 남자보다도 일찍부터 성교에 대해 알고 있다. 이렇게 해서 인류는 번식했다. (오기와라 마사코荻原眞子『동북아시아의 신화와 전설東北アジアの神話·傳說』도호쇼텐東方書店, 1995년)

고지식하기 짝이 없는 창조주

갈까마귀 쿠르킬과 그의 동료에 의해 이루어진 창조는 확실히 어이가 없을 정도로 엉성하다고 할 수 있습니다. 그러므로 다음과 같은 '유일신'의 창조에 대한 기록과 비교하게 되었을 때, 선주민이 창피함을 느낄 수밖에 없었던 심정도 이해 못할 바는 아닙니다.

> 태초에 하나님이 천지를 창조하셨다. 땅이 혼돈하고 공허하며, 어둠이 깊음 위에 있고, 하나님의 영은 물 위에 움직이고 계셨다. 하나님이 말씀하시기를 "빛이 생겨라" 하시니, 빛이 생겼다. 그 빛이 하나님 보시기에 좋았다. 하나님이 빛과 어둠을 나누셔서, 빛을 낮이라고 하시고, 어둠은 밤이라고 하셨다. 저녁이 되고 아침이 되니, 하루가 지났다. (『구약성서—창세기』)

참으로 멋진 창조 행위입니다. 그러나 이 다음에도 이런 식으로 지나칠 정도로 멋진 행위가 계속되므로, 따분해질 것 같아 여기서 인용을 멈췄습니다. '재미'라는 점에만 초점을 맞추면 갈까마귀의 창세신화가 훨씬 더 훌륭한 작품입니다. 아무래도 『구약성서』의 「모세5경」(『구약성서』의 「창세기」「출애굽기」「레위기」「민수기」「신명기」를 지칭—옮긴이)을 쓴 사람들은 그 이전의 인류의 신화작가하고는 근본적으로 관심의 방향이 전혀 달랐던 것 같습니다.

그러면 '트릭스터' 갈까마귀에 의한 창조행위와 유일신 야훼에 의해 이루어진 고지식하기 짝이 없는 창조행위는 과연 그 본질에 어떤 차이가 있는 걸까요?

'초월성'의 현실에 대한 개입

창조주 갈까마귀가 보여준 엉성한 창조행위의 배경에는 세계라는 것은 본래 불완전한 것으로 이루어져 있으며, 그것을 창조한 지성 역시 불완전한 것이었을 거라는 인식이 자리하고 있다는 생각이 듭니다. 본래 인간의 지성이나 사고는 자연(여기에는 동물, 식물, 인간, 스피리트가 전부 포함됩니다)의 전체성에서 생겨난 것으로서 자연과 일체인 셈이므로, 지성이나 사고의 근거가 되는 어떤 '초월성'도 없다고 생각하는 것이 대칭성 사회 특유의 사고법일 겁니다.

지성은 스스로의 한계까지 나아가 거기서 '초월성'과 접촉하고 '초월성'에 대해 사고하는 것은 가능해도, '초월성'이 자기 자신의 근거를 이룬다고는 생각하지 않았을 겁니다. 그렇기 때문에 '지知'는 권력이 되지 않았습니다. 권력Power의 원천은 어디까지나 자연 속에 깊숙이 숨겨져 있는 것으로, 인간의 지성이 권력을 자기 것으로 만드는 것은 불가능하다고 생각했던 거지요. 그런 생각으로부터 이런 사회 특유의, 자연에 대한 조심성이나 윤리관이 형성되었습니다.

강력한 힘을 가진 '유일신'은 자신의 힘에만 의지해 인류가 이 지구상에서 살아가는 데 필요한 조심성이라는 감각을 파괴해버렸으며, 인류가 오랜 시간을 들여 만든 '지구에 사는 모든 것에게 요구되는 윤리'를 망각 속에 빠뜨려버린 것이 아닐까요? 다신교 우주에 대한 기억을 갖고 있는 우리로서는 그렇게 생각할 수밖에 없습니다.

거대파충류가 선택한 진화

지구상에 존재하는 모든 것에 대해 조심성이라는 감각을 갖기 위해 서는 항상 어디선가 '대칭성의 윤리'가 작용해야만 한다는 것을 우리는 신화 연구를 통해 이미 배웠습니다. 신화는 동물이나 식물 등이 처음에는 인간처럼 말도 하고 감정이나 사고 능력도 가진 존재로 인식되었으며, 인간의 친구나 형제, 혹은 부모 자식과도 같은 사이였다고 이야기함으로써, 이런 '대칭성의 윤리'를 알기 쉬운 형태로 전승하려 했습니다.

이런 '대칭성의 윤리'나 그를 통해 발생하는 조심성이라는 감각이 생겨나기 위해서는, 인간의 마음에 어떤 형태로든 '전체성의 사고'가 작동할 필요가 있습니다. 그렇지 않으면 인간은 지구상에서 특별한 존재라고 생각하거나, 인간의 사고는 가장 가치 있고 틀림없다는 식의 오만한 생각이 어느 틈에 싹틀 정도로, 인간은 불완전한 생물이기 때문이죠. 모든 존재가 반짝이는 가느다란 실로 연결되어 있다는 것이 스피리트 세계의 사고방식이었는데, 그곳에서는 분명히 신화를 통해 그런 '전체성'에 대한 감각이 구석구석까지 살아 있었습니다.

유일신을 탄생시킨 일신교의 사고의 모험은 인간에게 방대한 지식과 부의 축적을 가져다주었습니다. 현대의 자연과학도, 그리고 자본주의에 기초한 시장경제 시스템도 본래는 크리스트교라는 일신교가 다져놓은 대지 위에 구축된 것입니다. 따라서 세세한 부분에 이르기까지 일신교의 흔적이 선명하게 남아 있는 것을 볼 수가 있지요.

왜 그런 일이 가능했던 걸까요? 일신교가 마음의 내부를 철저한 '비대칭성의 원리'에 입각해 재조직하는 작업을 정력적으로 수행해왔기 때문이죠. 그리고 그 원리는 오늘날 '글로벌리즘'이라는 이름 아래 지구 전역에서 막대한 영향력을 행사하기에 이르렀습니다.

현생인류가 '비대칭성'을 목표로 발달시켜온 마음과, 거대파충류가 선택한 진화의 방향이 상당히 비슷해져버린 것은 사실입니다. 그 점이 어떤 끔찍한 미래를 가져다줄지 대강의 결말은 우리도 예측하고 있습니다. 그런데도 어느 누구도 일대 방향 전환을 위한 계기를 마련하지 못하고 있는 상태입니다.

현대문명은 거대파충류들의 생명활동이 남기고 간 막대한 석유를 소비하며 지금도 여전히 앞으로 나아가려 하고 있습니다. 그와 마찬가지로 오늘날의 글로벌리즘도 마음의 거대파충류로서의 일신교의 커다란 유해를 먹어치우며 살아가고 있는 셈이지요.

그런 위기의 시대에는, 우리의 마음이 어디서 왔는지, 그리고 어떤 과정을 거쳐 지금과 같은 막다른 골목에 이르렀는지를 우선 충분히 다시 생각해볼 필요가 있습니다. 유일신이라는 사고, 과학이라는 사고, 경제라는 사고, 이 모든 것은 예전에 스피리트가 출현했던 장소와 똑같은 장소에서 탄생한 것입니다. 그러므로 발생학의 시점에 입각해서 모든 역사적 사건의 의미를 되새겨보려는 탐구 자세가 요구됩니다. "신은 곳곳에 깃들어 있다"라고 하는데, 인생의 구석구석에 숨어서 우리의 사고를 결정짓는 신의 발자취를 따라가는 것만큼 어려운 일은 없습니다. 발생학의 시점만이 그런 어려움을 극복할 지혜를 줄 겁니다.

종장

미래의 스피리트

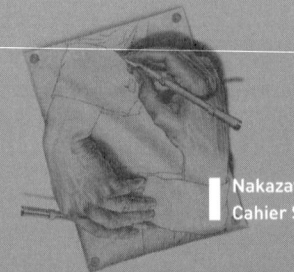

Nakazawa Shinichi
Cahier Sauvage Series

스피리트의 약동과 '신의 죽음'

'카이에 소바주' 제3권 『사랑과 경제의 로고스』를 읽은 독자라면 기억하실 겁니다. 교회와 왕권의 지배를 받은 유럽의 오랜 체제를 붕괴시킨 프랑스혁명 직전에, '자유 스피리트'의 활동이 서유럽 각지에서 비정상적일 정도로 활발했다는 것을 말입니다. 교회의 엄격한 관리 아래 자유로운 활동을 구속당한 스피리트(크리스트교에서는 '성령 聖靈Holy Spirit, Saint Esprit'이라는 멋진 이름을 부여했습니다)가 크리스트교의 삼위일체 교리 속에 확실하게 자리를 잡고, 일제히 자유로운 활동을 시작했지요.

흥미로운 것은 비슷한 시기에 사람들 사이에 '신의 부재不在'에 관한 소문이 퍼졌다는 사실입니다. 사실은 이제 신이 인간세계를 떠나 어디론가 가버린 것이 아닐까 하는 염려였습니다. 그리고 그로부터 채 100년도 지나지 않아 부재 정도가 아니라 '신은 죽었다'라고 떠들어대는 사람들까지 나타나, 인간세계에 뭔가 본질적인 변화가 일어나고 있다는 인상을 많은 사람들에게 심어주었습니다. 스피리트의 약동과 '신의 죽음'은 아무래도 깊은 관련이 있는 듯합니다.

먼 옛날, 신은 스피리트 세계를 해체해 그것을 다른 관념의 조직체로 재편하는 운동에 의해 출현했습니다. 일신교가 성립되자, 원리를 중시하는 일신교도 사이에서는 스피리트의 활동 자체를 수상히 여기며 부정하는 견해가 지배적이었습니다. 그러나 그것을 구원한 것은 크리스트교였습니다. 크리스트교는 스피리트에게 '성령'이라는 이름을 부여해, 성부와 성자와 성령으로 이루어진 삼위일체 교리의 중심부에 다시 자리를 잡았습니다.

그런 크리스트교가 치명적인 위기를 맞이하면서 '신의 죽음'이 공공연히 거론되기에 이른 그 시대에, 스피리트만은 신기할 정도의 활력에 차서 사회 여기저기에 활동 흔적을 나타낸 겁니다. '토러스' 한가운데의 빈 공간은 더 이상 신의 '완전성'에 의해 메워질 수 없게 되었는데도, 텅 빈 중심부를 '성령의 바람Le Vent Paraclet' (프랑스의 현대소설가 미셸 투르니에의 자전적 에세이집. 여기서 미셸 투르니에는 종교적 의미로서의 '성령의 바람'을 자연현상적 의미와 결합하여 사용하고 있음-옮긴이)이 빠져나가듯이 해서 현대가 시작되었다고 할 수 있습니다.

이것은 과연 무엇을 의미할까요? 그 의미를 깊이 생각하는 것은 현대인의 마음이 '초월성'이라는 것과 어떤 관련이 있는지를 아는 것과 관련이 있을 겁니다. 이 강의에서 저는 호모 사피엔스 사피엔스의 마음의 구조는 반드시 '초월성'의 영역과 접촉하게끔 만들어져 있기 때문에, 쉽사리 완전한 '무신론'에 처할 수는 없다는 말을 했습니다. '신의 죽음' 이후에도 '초월성'의 원초적인 형태인 스피리트만은 계속 살아남을지도 모릅니다.

요즘 철학자들은 일신교의 신이 눈부신 활약 후에 조용히 죽음을 맞이했다는 소문을 퍼뜨려왔는데, 그 소문이 사실이라 해도 우리 마음의 구조 속에는 여전히 살아 있는 것이 있습니다. 그것이 바로 스피리트입니다. 스피리트에서 유일신까지, '초월성'이라는 개념이 지나온 기나긴 여정에 대해 이야기해온 이번 학기 강의의 마무리로, 저는 이 스피리트의 '미래'라는 것에 대해 이야기해보고자 합니다.

일신교의 이집트화化

일신교 내부에 스피리트라는 존재를 편입시키려는 대담한 시도를 시작한 것은 2~3세기경의 카파도키아(지금의 터키)나 이집트의 크리스트교도였던 것 같습니다. 유일신에 대한 신앙을 원리적으로 이해한다면 그런 일은 절대로 불가능했겠지만, 그들은 신이라는 존재를 성부·성자·성령으로 이루어진 '삼위일체'로서 이해하고, 거기에 성모마리아에 대한 신앙까지도 포함시키려 했습니다.

그런 시도는 당연히 엄청난 비판을 받았습니다. 시리아 방면에서 활동하던 주교들 대부분은 이것은 곧 '일신교의 이집트화'라며 거세게 비난했습니다. 잘 들어보면 그들의 주장에는 충분히 수긍 갈 만한 점이 많습니다. 유일신이 순수한 지고신으로서 자기 안에서 여성성女性性을 완전히 제거하고 '부성父性'을 전면에 내세우는 것은 당연하다고도 할 수 있습니다. 그러나 '성부'가 자신과 똑같은 본질을 지닌 '성자=예수'를 낳고, 또 신자의 마음을 약동하게 하는 스피리트의 활동까지도 '성령'으로 부르며 신의 본성 중의 하나로 간주하는 사고법은 일신교를 또다시 다신교로 되돌리는 사고법이 아닌가 하는 비판이 대두된 겁니다.

이런 비판자의 시각에서 보면, 마리아 신앙은 이난나(수메르의 미의 여신이자 다산의 여신—옮긴이)나 아나트(고대 시리아 셈족의 남신 바알의 누이동생으로, 전쟁의 여신—옮긴이)처럼 오래 전부터 있었던 모신母神의 이미지를 부활시켜, 휑할 정도로 텅 빈 일신교의 성당 안으로 다신교적인 대칭성을 유지하고 있는 신들에 대한 사고를 몰래 들여보내려는 대담한 소행으로 간주되었습니다. 일신교의 순수함을 오염시키는 시도라는 의미에서, 삼위일체의 교리나 마리아 신앙은 일신교 원리주의자들에게 '이집트화'라는 비난을 받았던 것입니다.

삼위일체—생명의 원리

이것은 분명히 다신교에 대한 일신교의 타협을 의미합니다. 그 점에 대해서 크리스트교의 아시아 지역 대표자들이 반대한 것은 당연하다는 생각이 듭니다. 그러나 긴 안목에서 보면, 이런 타협이 서구 문명에 놀라우리만큼 강인한 골격을 부여했으며, 이후 그것이 지구적인 규모의 영향력을 거머쥐게 될 하나의 중요한 요인을 형성한 것이 아닐까 하는 생각이 듭니다.

특히 삼위일체의 교리에는 무척 흥미로운 문제가 내포되어 있습니다. 유대교 이후의 일신교에서는 유일신의 단순성, 불변성, 견고한 영속성 등의 성질이 강조되었습니다. 그런데 서구에서 발달한 크리스트교는 거기에 (1)성부와 성자의 동질성과 (2)성령(스피리트)의 증식력, 이 두 원리를 받아들인 셈입니다. (1)의 원리는 생명이나 생명의 유사물이 DNA처럼 변화하기 힘든 기구를 통해 정보를 정확히 미래에 전달할 수 있음을 나타내며, (2)의 원리는 동질성을 가진 것이라 할지라도 증식에 의해 점점 더 풍부해질 수 있음을 표현합니다.

이것은 신과 대화할 때 쓰이는 언어를 사용해서 '생명'과 '경제'에 대해 표현하고 있다고도 해석할 수 있습니다. 생명은 동일한 형질形質을 다음 세대에 전달해감으로써 이어나가고자 합니다. 결국 성부가 성자에게 동일한 형질을 전하는 방식으로, 자신을 미래에 전하려는 의지의 표현인 셈이지요.

하지만 생명 자체는 형질에 대한 정보를 전하는 게놈에만 의지해서는 살아갈 수가 없습니다. 아직 충분한 해명이 이루어지지 않아 현대의 생물학은 부정하고 있지만, 생명체 내부에 에너지를 방사하는 기구機構, 즉 19세기 생물학에서 '생명력'으로 불리던 것의 존재가 요구되겠지요. 생명이라는 활동은 정보만으로 이루어진 것은 아닐 것이므로, 이 기구에 대한 이해가 머지않아 문제점으로 부상할 것임에 틀림없습니다.

이와 같이 생명은 정보를 정확하게 전달하는 기구와 '생명력'이라는 두 가지 측면을 갖고 있는 셈입니다. 이것을 일신교의 원리적인 사고로 이해하려고 하면 무리가 발생합니다. 생명과 신에 대한 이해가 부합하도록 하기 위해서는, 신이 사랑이나 자비의 에너지를 세계에 두루 내뿜음으로써 생명의 생존이 가능하다는 식의 유연한 이해방식으로 바꿔가지 않으면 안 될 겁니다.

크리스트교는 훗날 서구에서 발달하는 '정통교리'라는 것을 정했을 때, 이미 거기에 '생명의 원리'의 구조를 도입한 셈입니다. 종교사상치고는 그야말로 유연한 자세를 보인 것이지요. 종교사상은 종종 생명을 부정하거나 억압하려는 완강한 태도를 보이곤 합니다. 생명은 욕망의 원천이라며 '생명의 원리'를 용인하지 않는 태도를 보이는 경우가 많지요.

그런데 크리스트교는 한편으로는 그야말로 종교답게 욕망이나 섹스를 부정하면서, 교리의 근본에는 삼위일체라는 표현으로 위장한 '생명의 원리'를 교묘하게 포함하고 있습니다. 그렇기 때문에 생명의 활동과 욕망이 탄생시키는 것에 대해 유연하게 대응하는 문명을 준비할 수 있었던 거라고 생각합니다. 이 점이 같은 일신교인 크리스트교와 이슬람교 간에 근본적인 차이점을 낳습니다. 정통적인 크리스트교에서는 원리주의가 발생하기 힘들지만, 이슬람교나 프로테스탄트의 크리스트교에서는 원리주의가 발생하기 쉬운 것도 바로 여기에 원인이 있는 것이 아닐까요?

스피리트가 밝히는 상품의 비밀

또한 삼위일체의 구조에는 상품사회의 원리까지도 들어 있습니다. 상품이란 물질화한 스피리트의 화신이라고도 할 수 있다는 생각이 듭니다. 바로 이런 식입니다.

물건과 물건을 '교환'하는 행위를 반복하다 보면, 거기에 공통의 가치척도라는 것이 자연스레 형성됩니다. 그러다가 그런 공통의 가치척도를 표현할 수 있는 것으로서 운반과 보존이 편리한 화폐가 탄생합니다. 화폐는 순도가 높은 금속 같은 것으로 만들어지는 경우가 많은데, 그럼으로써 물건의 교환가치를 수량으로 환산할 수 있으며, 단순하고 균일한 가치를 표현할 수 있습니다.

그러나 물건은 단순히 '교환'되는 것만은 아닙니다. 물건을 팔면, 거기서 이윤이 생기는 '상품'이 곧바로 탄생하니까요. 말하자면

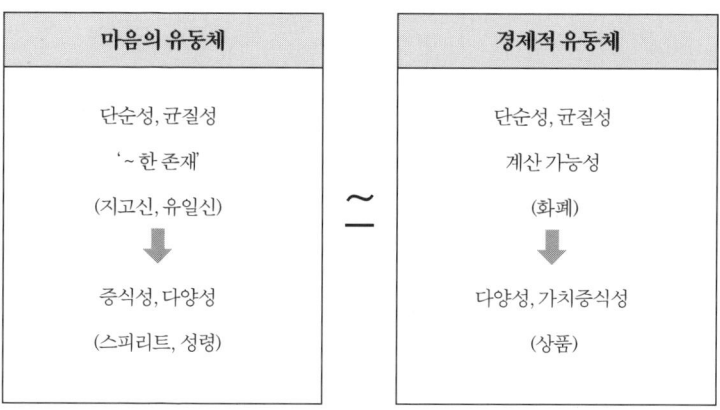

마음의 유동체		경제적 유동체
단순성, 균질성 '~한 존재' (지고신, 유일신) ⬇ 증식성, 다양성 (스피리트, 성령)	~	단순성, 균질성 계산 가능성 (화폐) ⬇ 다양성, 가치증식성 (상품)

물건의 판매를 통해 가치가 증식하는 셈이지요. 물건의 단순한 교환이나 화폐의 양도만으로는 이런 증식은 일어나지 않습니다. 물건이 상품이라는 특수한 대상으로 미리 신분을 바꿔놓지 않으면, 이런 일은 일어나지 않습니다. 상품은 증식의 원리를 자기 안에 감추고 있는 셈입니다.

이 과정은 삼위일체의 구조와 똑같습니다. 삼위일체는 마음이라는 유동체 내부에서 일어나는 것을 구조로서 표현한 것인데, 그것과 평행관계에 있는 구조를 '경제'라는 유동체 내부에서 그대로 발견할 수가 있습니다(상세한 것은 제가 쓴 『녹색 자본론綠の資本論』〈슈에샤集英社, 2002년〉을 참고하시기 바랍니다).

이런 성질을 가진 상품의 거대한 축적으로 이루어진 사회가 바로 우리가 살고 있는 '자본주의' 사회입니다. 상품 내부에서는 크리스트교의 삼위일체와 동일한 구조가 세속화한 상태를 발견할 수 있습니다. 그것은 곧 자본주의사회를 움직이는 엔진실이 삼위일체의 구조를 모델로 설계되었다는 것을 의미합니다. 거기서 가장 중요한 상품의 증식원리 부분을 담당하고 있는 것은 다름 아닌 스피리트이 므로, 여기에 자본주의와 스피리트의 심상치 않은 관계가 크게 부각 될 수밖에 없습니다.

투명한 가스가 되어

세계에서 가장 일찍 자본주의가 발달한 영국에서 '자유 스피리트 운 동'이 노동자 사이에서 순식간에 널리 확산되었다는 것에 대해서는 앞에서도 이야기한 바 있습니다. 그런 사건의 의미는 이제 분명합니 다. 노동력이든 생명이든 가리지 않고 모조리 상품으로 바꿔가려고 하는 자본주의가 본격적으로 가속페달을 밟기 시작한 바로 그때, 사 람들의 사고는 무의식 중에 자신들 앞에 열리려고 하는 새로운 세계 의 본질을 '스피리트가 활개 치는 시대'로 파악했다는 것을 의미하 는 것이지요.

　동시에 그것은 '신의 죽음'을 예견하는 것이기도 했습니다. 한 편으로는 상품으로서 물질화한 스피리트의 폭발적인 활동에 의해, 다른 한편으로는 교회의 권위에 대해 복종을 거부하는 프로테스탄 트적인 '자유 스피리트 운동'이 사회 표면으로 부상함으로써, 크리 스트교 문명의 지반이 크게 흔들리기 시작했습니다. 이런 사태가 발 생한 것은 크리스트교가 삼위일체의 교리를 통해 스피리트의 원리 를 자기 내부에 받아들인 그 당시부터 이미 준비되어 있었다고도 할 수 있겠지만, 서구문명은 그 후로 신의 죽음을 대신해서 자본주의의 글로벌화라고 하는 새로운 형태의 영향력을 지구적인 규모로 확대해갑니다.

신은 죽었을지도 모르지만, 그 후에는 신이 본래 갖고 있던 성질의 일부분이었던 '균질화' 와 '정보화' 의 원리가 화폐나 컴퓨터로 모습을 바꿔 살아남았습니다. 스피리트는 물질로서의 상품만이 아니라, 광고나 영화나 매스미디어의 영역에서도 무서울 정도로 계속 활개를 치고 있습니다. 물질화한 스피리트를 망령이라고 한다면, '근대' 는 이 망령으로 변한 스피리트에 의해 시작된 시대라고도 할 수 있겠지요.

'균질화' · '정보화' · '상품화', 이것만으로도 우리가 살고 있는 현대사회의 특징을 전부 표현할 수 있을 정도입니다. 이제까지 검토해왔듯이 그것은 곧 삼위일체의 원리를 물질화하고 세속화한 표현이기도 합니다. 이제는 일요일이 되어도 유럽의 교회가 텅 빌지 모르지만, 삼위일체의 원리는 투명한 가스가 되어 지구 전역을 에워싸고 있습니다. 이 교리가 이 정도로 포교에 성공한 적은 일찍이 없었을 겁니다.

스피리트의 위기

그러나 그것을 스피리트의 부활이라며 기뻐하고 있을 때가 아닙니다. 모든 것을 동질의 가치를 가진 수로水路로 흘러보내는 상품사회

속에서 스피리트는 철저하게 노동력을 착취당하며 지금 죽어가고 있는지도 모르니까요. 노동은 근육이나 사고의 활동 범위를 제한해, 그 안에서 효율적인 활동을 하고자 애쓰게 마련입니다. 거기서 상품으로 물질화한 스피리트가 아무리 수량을 증식시켜 풍요로운 사회를 만들기 위해 봉사하고 있는 것처럼 보여도, 실제로는 생활의 다양성은 점점 빈약해지고 있기 때문이죠.

여기서 여러분이 상기해야 할 것이 있습니다. 스피리트는 현생 인류의 뇌에 처음 출현했을 때, 지知와 비지非知의 경계에 잇달아 발생하면서, 인류에게 자신의 마음 내부에 있는 '초월성'의 영역의 존재를 생생하게 직감하도록 하는 작용을 했습니다. 그럼으로써 외부 세계에는 보이지 않는 순수한 마음 내부의 에이도스eidos(모습, 형태를 의미하는 철학 용어—옮긴이)를 눈으로 볼 수 있게 하고, 귀로는 들을 수 없는 소리를 아직 소박한 마음의 소유자였던 인간들에게 들려줄 수가 있었던 겁니다.

스피리트는 인간의 마음을 사고 밖으로 끌어내는 힘을 갖고 있었습니다. 스피리트 세계가 다신교 우주로 바뀌고, 이질적인 영역을 어지러울 정도로 돌아다니는 고차원 운동을 하던 스피리트가 멀리 분리된 타계에서 찾아오는 '내방신'이나 '풍요신'으로 모습을 바꾼 후에도, 그 능력은 여전히 충분히 발휘되었습니다. 크리스트교의 삼위일체의 답답한 구조 속으로 편입된 후에도, 영혼을 멀리 데리고 가는 스피리트의 힘은 쇠약해지지 않았습니다.

하지만 상품사회 속에 존재하는 스피리트에게는 더 이상 사람들의 영혼을 밖으로 데리고 갈 능력이 없습니다. 그리고 단순한 기호나 간판이 아닌, 진정한 '초월성'의 영역과 접촉시키는 능력도 완전히 상실해버렸습니다. 모든 것을 하나의 가치를 가진 수로로 흘려보내 평준화해버리는 상품사회 속에 들어앉은 스피리트 원리는 허세를 부리고 있을 뿐으로, 사실은 이미 목숨이 간댕간댕한 상태라는 것이 절절히 느껴집니다. 스피리트가 활개를 침과 동시에 시작된 '근대'는 바로 그 스피리트마저도 완전히 소비해버리려 하고 있습니다. '성령의 바람'이 어디서도 불어오지 않는 시대는 인류 마음의 역사상 전례가 없을 정도로 빈곤한 시대입니다.

Religion After Religion(모든 종교 이후에 출현하는 것)

그러나 여기서 상기해야만 하는 것이 있습니다. 현생인류의 마음의 구조가 형성됨과 동시에 거기에는 '초월성'의 첫 움직임이 발생하지 않았던가요? 우리의 마음은 어떤 상황에 처하더라도 '초월성'의 영역으로 통하는 통로를 완전히 차단해버리는 일이 없도록 만들어져 있습니다.

　수천 년에 걸쳐 그 통로를 만들고 관리해온 것은 종교라는 존재였습니다. 종교는 '초월성'에 이름을 부여했고, 때로는 그것을 상像으로 만들었으며, 종교의 영역에 펼쳐지는 광경을 묘사해보려는 시도까지 해왔습니다. 그런 종교가 점차로 힘을 잃게 된 것은 상당히 오래된 일입니다. 따라서 '초월성'의 영역으로 통하는 통로에는 엄청난 먼지가 켜켜이 쌓여 '성령의 바람'의 시원스런 흐름을 막아, 은

총이나 기적도 웬만해서는 통과할 수 없는 상태로 '이 세상'의 구조
가 바뀌어버렸습니다.

그런 세계를 스스로 자기 손으로 만들어가면서도, 현생인류 이
래 불변의 뇌를 가진 우리 인류는 뭔가 근본적으로 새로운 것의 출현
을 기대하고 있는 듯이 느껴집니다. 근본적으로 새로운 것이란 상품
사회가 막아버린 '초월성'으로 통하는 통로를 다시 열 수 있는 것이
어야만 합니다. 수천 년의 역사를 가진 오래된 모든 종교에 그것을
실현할 수 있는 여력이 과연 남아 있을까요? 스피리트에서 유일신으
로 전개해간 일신교 내부로부터, 우리가 말하는 근본적으로 새로운
것을 탄생시킬 가능성이 과연 있을까요? 대통령이 자신들의 군사행
동을 정당화하기 위해 '신'의 이름을 외쳐댈 때마다, 우리는 그럴 가
능성은 아마도 없을 거라고 생각하지 않을 수 없습니다.

온갖 것을 상품화하고 정보화하고 관리하는 현대의 글로벌 문
명은 오랜 역사를 가진 모든 문명이 생명을 퍼 올리던 샘을 대부분
고갈시켜버렸습니다. 진짜를 쏙 빼닮은 가짜가 넘쳐나고 있지만, 실
제로는 이미 뿌리가 잘린 상태이므로, 오랜 전통을 가진 종교조차도
지금은 조화造花처럼 인공적인 아름다움이나 알맹이 없는 정의밖에
갖고 있지 않은 경우가 대부분입니다.

그러나 그런 인류에게 변하지 않은 것이 딱 한 가지 있다는 사
실을 잊어서는 안 됩니다. 그것은 우리의 뇌이자 마음입니다. 수만
년이라는 시간을 견디며, 본래의 순수함을 아직도 그대로 지니고 있
는 현생인류의 뇌만은 여전히 잠재적인 가능성을 잃지 않았습니다.
거기에는 처음에 현생인류의 마음에 스피리트 세계가 출현했을 때

와 똑같은 환경이 아직도 그대로 보존되어 있습니다. 근본적으로 새로운 것이 출현할 가능성을 가진 장소를 든다면, 그곳밖에 없습니다. 그곳에 앞으로 도래할 미래의 스피리트를 출현시키는 것 이외에 다른 방법은 없을 겁니다.

미래의 스피리트

앞으로 도래할 스피리트가 어떤 형태를 취하게 될 것인가 하는 것과 관련해서 우리에게는 중요한 힌트가 하나 남아 있습니다.

데쓰카 오사무手塚治虫가 〈우주소년 아톰鐵腕アトム〉의 이미지를 조형하려 했을 때, 그 이미지의 원천이 된 것은 곤충의 세계였습니다. 어려서부터 친숙해 있던 곤충사회를 통해서, 그는 생명세계의 심오한 구조를 엿보았습니다.

지구상의 생물 중에서도 곤충만큼 종류가 다양한 생물도 없습니다. 작은 골짜기를 따라 잠자리채를 손에 들고 나비들을 쫓아다니기만 해도, 20여 종의 희귀한 나비들을 만나기는 그리 어렵지 않습니다. 곤충의 경우는 생물 하나하나의 존재가 곧 거대한 '생명'의 자기표현 양식이며, 그런 '생명의 자기표현'은 단조롭거나 균질한 것을 싫어해, 다양성의 산출이라는 것을 스스로 즐기고 있는 것처럼 느껴지기까지 합니다.

데쓰카 오사무는 그런 곤충의 세계를 도취된 상태에서 뚫어지게 바라보던 소년이었습니다. 그 감각은 아메리카 선주민이 세계를 바라볼 때 느끼던 감각과 무척 비슷합니다. 이 세계에 널리 퍼져 있는 '그레이트 스피리트'는 거대한 파도처럼 평원을 유동하면서, 수없이 많은, 그러나 하나하나가 전부 다른 '스피리트'를 낳습니다. 그 스피리트가 몸에 갑옷과 투구 같은 껍질을 걸치면, 그것이 곧 곤충의 출현입니다.

곤충 채집의 체험은 일종의 '초월성'의 체험을 낳을 가능성을 품고 있습니다. 단순하고 순수한 유동체의 자기표현으로서 생물의 다양한 형태가 잇달아 출현하는, 바로 그 '밑바닥'에 해당하는 영역에 접촉할 때, 설령 20세기의 소년이라 할지라도 그의 감각과 사고는 인류의 마음에 처음으로 스피리트가 출현했을 때와 똑같은 뇌의 흥분상태를 재현할 수 있을 겁니다. 우리 뇌는 여전히 야생상태에 있습니다. 그런 감각의 야생상태에서 우주소년 아톰의 이미지가 탄생했다고 데쓰카 오사무는 말합니다.

성서의 하느님을 믿던 사람들의 상상력이 낳은 가장 오래된 로봇은 '골렘Golem'(유대인의 전설에 등장하는 돌로 된 인조인간—옮긴이)이라는 이름으로 불렸습니다. '골렘'은 일신교의 신이 세계와 인간을 창조했듯이, 생명이 없는 소재에 입김을 불어넣음으로써 활동을 개시했습니다. 유럽의 연금술사들은 '호문쿨루스Homunculus'라는 인조인간을 레토르트 안에 만들어냈는데, 이 경우에도 창조행위의 모델은 신이 했던 위대한 행위였습니다. 일신교의 상상력 아래서는 로봇도 인조인간도 생명과 비생명의 대립을 끌어안은 채 계속 고통을 겪게 됩니다.

그런데 우주소년 아톰은 처음부터 그런 로봇들과는 확연히 다릅니다. 아톰은 강화물질로 이루어진 로봇의 신체(아톰의 몸의 선은 다카라쓰카소녀가극寶塚少女歌劇〈1913년에 일본에서 창단된 전통 있는 가극단으로, 1940년 다카라쓰카가극단으로 명칭을 변경한 이후 현재까지도 그 전통을 이어오고 있음—옮긴이〉의 스타들의 이미지에서 영향을 받았다고 합니다)에 야생상태의 마음을 보전한 '새로운 스피리트' 로서 탄생했습니다.

거기에는 다신교 우주에 대한 기억이 생생히 살아 있습니다. 이 '새로운 스피리트' 는 '지고신' 의 이상을 추구하면서도, 지상과 타계에 우글거리는 수많은 스피리트들의 희망에도 귀를 기울입니다. 그는 2003년에 탄생해(만화 속에서 아톰의 생일이 2003년 4월 7일로 되어 있음. 따라서 아톰이 탄생한 해를 기념해 2003년에 〈아스트로보이 철완아톰〉이 제작되기도 했음—옮긴이) 일신교적인 핵기술을 가슴에 내장한 채, 다가오는 시대의 '윤리' 를 자력으로 창조하기 위해 많은 고민을 했습니다.

우리는 지금 모두 '과학의 자손' 입니다. 아톰에게는 있지만 우리에게는 없는 것이 있다면, 그것은 야생상태의 마음일 겁니다. 그러나 걱정할 필요는 없습니다. 우리는 3만 년 전의 현생인류와 거의 똑같은 뇌조직을 갖고 있으며, 거기에는 지금도 '초월성' 의 영역으로의 척후斥候활동을 계속하는 스피리트가 살고 있어, 우리가 자신들에게 관심 가져주기를 고대하고 있습니다.

마음의 들판으로 향하는 문의 열쇠는 언제나 우리 주변에 놓여 있습니다. 스피리트 세계에 대한 기억을 희미하게나마 간직하고 있는 우리가 '모든 종교 이후에 출현하는 것' 에 대해 확실한 이미지를

갖는 것은 불가능한 일만은 아닙니다. 종교의 알파(원초적인 상태)이
자 오메가(미래)에 해당하는 것, 그것은 바로 스피리트입니다.

2002년 10월 2일~2003년 1월 9일, 주오中央대학에서

역자후기

인간의 마음이 유일신을 낳기까지

저자 나카자와 신이치는 다섯 권으로 구성된 시리즈 '카이에 소바주'를 시작하며, "구석기 인류의 사고에서부터 일신교 성립까지의 '초월적인 것'에 대해 인류의 사고와 관련이 있는 거의 모든 영역에 대한 답파를 목표"로 자유분방한 걸음걸이로 사고의 산책을 하겠다는 포부를 밝힌 바 있습니다. 그런 포부 하에, 신화를 통해 인류의 철학적 사고의 원형을 파헤치고(제1권 『신화, 인류 최고最古의 철학』), 국가와 권력의 탄생 과정을 밝혔으며(제2권 『곰에서 왕으로』), 자본주의 경제 시스템의 문제점을 진단하기도 했습니다(제3권 『사랑과 경제의 로고스』). 이제 제4권 『신의 발명』에서는 인류의 사고가 발명한 '초월적인 것'의 대표격이라 할 수 있는 종교적 사고의 발생 과정을 추적하고 있습니다. 이 시리즈 자체가 '비교종교론'이라는 강의의 강의록이었다는 점, 그리고 저자의 학문적 기반이 종교학이라는 점 등으로 비추어보면, 이 책은 시리즈 전체의 핵심에 해당한다고 할 수 있을 것 같습니다.

인류의 마음속에서 신이 발명되기까지의 과정을 밝히기 위해, 우선 저자는 자연에 깃들어 있는 눈에 보이지 않는 힘인 스피리트 ('스피리트'를 '정령'으로 번역하려고도 하였으나, 저자는 스피리트를 정령보다 훨씬 포괄적인 의미로 사용하는 경우가 많아, 조금 생소하더라도 저자의 용어를 그대로 살려주기로 했습니다)와의 교류를 위해 인류가 어떤 노력을 기울였는지를 다양한 예를 통해 보여줍니다. 특수한 식물을 이용하거나 명상을 하거나, 혹은 특별한 의식을 치렀던 구체적인 예들이 등장하죠. 그런 과정을 통해 스피리트와의 교류가 이루어지면서 인간이 '내부시각'을 체험하는 것이 가능해졌다는 것이지요. 그런 체험이 현생인류 특유의 유동적 지성에 의해 생겨난 사고능력과 결합함으로써 '초월'에 대한 사고가 발생하고, 그렇게 해서 다신교 우주가 탄생했다고 저자는 설명합니다. 그런 다음 어떻게 해서 다신교 우주 내부에서 유일신이 탄생하게 되었는지를 다양한 수단을 동원해서 밝혀갑니다.

그 과정에서 자연스럽게 다신교적 우주관과 일신교적 세계관의 차이점을 분명하게 보여줍니다. 마치 국가와 왕의 탄생 과정을 추적하고, 왕이나 국가가 탄생하기 이전의 사회와의 차이점이 기술되어 있는 『곰에서 왕으로』와 유사하다고 할 수 있지요. 기술 방식도 유사합니다만, 실제로 저자는 유일신(일신교적 세계관)의 탄생을 국가(혹은 왕)의 탄생과 오버랩시키며 논리를 전개해갑니다(이 오버랩은 제5권 『대칭성인류학』에서 좀 더 구체화됩니다). 절대적인 권력을 가진 왕이나 국가의 탄생과 일신교의 사고법 사이에 존재하는 긴밀한 상관관계를 밝혀가는 셈이지요. 그런 의미에서 보면 이 제4권은 '스피리트에서 유일신으로' 라고도 할 수 있지요.

　　이런 매우 관념적인 내용을 논리적으로 이끌어가는 과정에서 저자는 설득력을 획득하기 위해 인지고고학을 비롯해 인류학, 언어학, 정신분석학, 심지어는 물리학이나 수학까지 동원합니다. 물론 여전히 레비 스트로스는 강력한 영향력을 발휘하고 있습니다. 더불어 점점 영향력을 더해가는 것은 바로 라캉입니다. 특히 이 책에서 매우 인상적인, 뫼비우스의 띠나 토러스와 같은 수학적 비유를 이용한 기술 방법은 바로 라캉을 계승한 것이라고 할 수 있지요. 시리즈 후반에 이르면서 점차 라캉이라는 존재의 비중이 커져가는 느낌입니다.

　　그런 만큼 인문학과 자연과학 사이의 벽을 자유롭게 넘나드는 일이 잦아졌습니다. 마치 현생인류의 뇌조직에 유동적 지성이 발생함으로써 인간이 비유 능력과 초월에 대한 직감을 갖게 되었듯이, 저자 나카자와도 인문학과 자연과학을 가로지르는 유동적 지성에 의해 현대 문명을 진단하고 나아갈 방향을 제시하는 새로운 능력을 획득하고자 하는 것 같습니다. 요즘 다양한 영역에서 가로지르기, 크로스오버, 하이브리드와 같은 단어가 유행하고 있습니다. 시리즈 '카이에 소바주' 는 인류의 사고가 발명한 모든 영역에 대한 답파를 목표로 기획되었으므로 당연히 가로지르기가 숙명적이라고 할 수 있습니다만, 특히 이 책은 그런 경향이 두드러집니다.

그렇기 때문에 일본의 평자 가운데는 알랭 소칼과 장 브리크몽의 『지적 사기: 포스트모던 사상가들은 과학을 어떻게 남용했는가』(민음사, 2000년)를 예로 들며, 이 책에서의 자연과학적 지식의 남용을 우려하는 사람도 있을 정도입니다. 따라서 일찍부터 인문계와 자연계 사이에 두꺼운 벽을 세워놓고 함부로 넘나들지 못하게 하는 풍토에서 교육받은 저로서는 이 책을 번역하며 여러 차례 절망감을 맛보지 않을 수 없었습니다. 때로는 독자(역자를 포함한)를 배려하지 않는 저자의 글쓰기 방식에 화가 나기도 했습니다. 하지만 분명한 것은 이런 식의 사고와 글쓰기가 필요하다는 것이지요. 그 어느 때보다도 21세기는 자연과학적 사고와 인문학적 사고를 잇는 통로가 절대적으로 필요한 시대입니다. 그러고 보니 저자가 대담집 『불교가 좋다』(동아시아, 2004년)에서, 대학 시절 생물학과에서 종교학과로 전과한 개인적인 체험을 말하며 학문의 '편가르기'의 문제점을 지적한 것이 생각나는군요. 그런 의미에서 보면, 이 책은 그런 저자의 소신이 잘 드러나 있다고 할 수 있습니다.

신의 발명 과정에 대해서는 다양한 해석이 가능합니다. 하지만 신은 인간의 마음이 발명한 것이라는 이 책의 결론에 대해서는 논란의 여지가 없을 겁니다. 그 정도로 지극히 당연한 결론입니다만, 당연한 듯하면서 많은 사람들이 잊고 있는 사실이기도 하지요. 아니 잊고 있다기보다는 부정하고 싶어한다는 표현이 더 어울릴지도 모르겠습니다. 특히 종교의 힘을 충분히 이용하고자 하는 사람들일수록 그렇다고 할 수 있지요. 그러다 보니 자신이 발명했음에도 불구하고, 점차 인간은 종교의 구속을 받아 신의 노예가 되어가는 듯한 느낌입니다. 인류 역사상 거듭되어온 종교전쟁이나 종교 간의 갈등이 여전히 진행중인 현실을 생각하면, 신은 인간이 발명한 것이라는 이 단순한 명제를 되새김질함으로써, 현대가 안고 있는 많은 문제를 해결할 수 있을 것 같다는 생각마저 듭니다.

본래 신이란 어떤 존재였던가요? 인간이 어떤 의문이나 고민이 생겼을 때 모든 것을 무조건적으로 포용해주어, 인간에게 정신적 안정을 가져다주는 존재가 아니었던가요? 그런데 어느 틈엔가 강력한 힘으로 인간의 사고를 지배하는 유일신이 탄생하면서 인간은 불행해졌다며 저자는 개탄합니다. 그리고 유일신의 횡포를 고발하고, 일신교에 의해 탄생한 글로벌리즘의 폐단을 지적하기도 합니다. 그래서 권력의 남용을 위해 신의 이름이 악용되고 있는 현실에 대한 비판과 함께 이라크전쟁을 일으킨 부시 대통령에 대한 비판이 우회적으로 표현되어 있기도 하지요. 유일신의 탄생과 국가 권력 및 왕의 탄생이 동일한 배경과 과정으로 이루어졌다고 하는 저자의 논리에 따르면, 민족주의와 종교의 결탁은 필연적인 귀결이라고도 할 수 있습니다. 강력한 두 힘의 결탁에 의해 점점 더 거대한 괴물로 변해 세계의 평화를 위협하기에 이르는 것, 바로 그런 사태를 저자는 우려하고 있습니다.

그런 우려와 더불어 저자가 내놓은 해결책은 바로 스피리트의 복권입니다. 일신교가 아닌 다신교의 우주로 돌아가야 하며, 글로벌리즘을 외칠 것이 아니라 다름을 인정하는 문화를 세계에 확산시켜야 한다는 겁니다. 그래야만 평화의 원리가 회복될 거라는 거지요. 스피리트의 특성을 한마디로 표현하면 바로 '대칭성'입니다. 이 '대칭성'은 시리즈를 마무리하는 제5권 『대칭성인류학』의 주제를 이루며 더욱 구체적인 모습으로 우리 앞에 모습을 드러낼 것입니다.

이처럼 나카자와의 사상의 매력은 단순히 과거만을 뒤돌아보는 종교사상사가 아니라, 현재의 시점에서 미래도 시야에 넣은 종교론을 펼친다는 데 있다고 할 수 있습니다. 물론 스피리트의 복권을 외치는 나카자와의 주장의 실현 가능성 등에 대해 고개를 갸웃하는 사람들도 있겠지요. 그러나 그런 대담한 주장을 이끌어가는 과정 자체는 우리의 지적 호기심을 자극하기에 충분합니다. 또한 현재를 진단하는 예리한 시각 역시 여전히 신선하게 다가옵니다.

　신화에서 시작한 산책길이 어느덧 길고 먼 여행이 되고 말았군요. 하지만 이제 목적지가 얼마 남지 않은 듯합니다. 목적지가 눈에 보이니 조금만 더 분발해야겠습니다. 올지 어떨지도 모르는 고도를 막연히 기다리는 것에 비해서는 훨씬 수월한 일이니까요. 게다가 저에게는 항상 같이 길을 걸어줄 동반자가 있습니다. 이번 여행에는 동아시아의 심재경 씨가 함께해주었습니다. 소신과 인내심이 필요한 험난한 여행길에 동참해주신 것에 대해 감사드립니다.

김옥희